Livro Novos hábitos eficazes e bem-sucedidos

Mudança de hábitos para a construção de riqueza,
Inteligência emocional
Guia de perda de peso
por Brian Mahoney

Índice

Introdução: O poder dos hábitos

Capítulo 1 Por que criamos maus hábitos

Capítulo 2 Quebrando o ciclo

Capítulo 3 O custo de permanecer o mesmo

Capítulo 4 Reajustando os hábitos alimentares

Capítulo 5 O movimento como estilo de vida

Capítulo 6 Mente sobre o prato

Capítulo 7 Rompendo o ciclo de gastos excessivos

Capítulo 8: Criando disciplina financeira

Capítulo 9 A mentalidade da riqueza

Capítulo 10 Entendendo a inteligência emocional

Capítulo 11 Substituindo a reatividade pela resposta

Capítulo 12 Fortalecimento dos relacionamentos por meio do QE

Capítulo 13 Empilhamento de hábitos para o sucesso

Capítulo 14 O papel da responsabilidade

Capítulo 15 Comemoração de marcos históricos

Conclusão

Glossário de termos

Isenção de responsabilidade

As informações apresentadas neste livro são apenas para fins educacionais e informativos. Embora as estratégias e os conselhos oferecidos se baseiem em princípios amplamente reconhecidos de desenvolvimento pessoal, saúde, finanças e inteligência emocional, eles não se destinam a servir como aconselhamento médico, financeiro ou psicológico profissional.

Antes de fazer qualquer mudança significativa em sua dieta, rotina de exercícios ou práticas financeiras, é altamente recomendável que você consulte um profissional licenciado, como um médico, consultor financeiro ou terapeuta, para garantir que as medidas tomadas sejam adequadas às suas circunstâncias individuais.

O autor e a editora não se responsabilizam por quaisquer lesões, perdas financeiras ou sofrimento emocional que possam ocorrer como resultado da implementação das informações fornecidas neste livro. Qualquer ação que você tome com base no conteúdo deste livro é feita por sua própria conta e risco.

Foram feitos todos os esforços para garantir a precisão das informações contidas neste livro, mas o autor e a editora não oferecem garantias quanto aos resultados que você poderá obter. O sucesso é determinado, em última análise, por seu compromisso individual, circunstâncias e consistência na aplicação das estratégias discutidas.

Ao usar este livro, você reconhece e concorda com esses termos.

Introdução:
O poder dos hábitos

Os hábitos são os blocos de construção de nossa vida diária. Desde o momento em que você acorda até a hora de ir para a cama, muito do que você faz é orientado por rotinas automáticas em vez de decisões conscientes. Esses hábitos podem impulsioná-lo para o sucesso ou mantê-lo preso em ciclos de frustração, dúvida e oportunidades perdidas.

Este livro trata do aproveitamento do poder transformador dos hábitos para reverter aqueles que não servem a você e substituí-los por outros que levam a um corpo mais saudável, a um futuro mais rico e a uma inteligência emocional mais forte. Ao compreender a ciência dos hábitos e aplicar estratégias práticas, você pode mudar radicalmente a trajetória de sua vida.

1. A força invisível que molda sua vida

Os hábitos funcionam como um sistema de piloto automático, orientando suas ações sem exigir pensamento ou esforço constante. Eles são eficientes, economizando energia mental ao permitir que você execute tarefas sem pensar demais. Entretanto, essa mesma eficiência pode ser prejudicial quando hábitos ruins se enraízam.

Exemplos do poder dos hábitos:

    Hábitos positivos: Escovar os dentes, exercitar-se regularmente ou manter um orçamento.

    Hábitos negativos: Comer sem pensar, procrastinar ou gastar demais.

Seus hábitos não apenas moldam sua rotina diária; eles determinam os resultados que você vê em sua saúde, finanças, relacionamentos e bem-estar emocional.

Principais percepções:

Pequenos hábitos, repetidos de forma consistente, têm um efeito cumulativo ao longo do tempo. Um comportamento aparentemente insignificante hoje pode levar a resultados significativos meses ou anos depois.

Tarefa de reflexão:

Identifique um hábito, bom ou ruim, que tenha impactado significativamente sua vida. Escreva como ele moldou sua posição atual.

2. Por que lutamos para acabar com os maus hábitos

A reversão de maus hábitos pode parecer uma batalha difícil, e há uma razão para isso: os hábitos estão profundamente arraigados em seu cérebro. O ciclo de estímulo, rotina e recompensa forma um ciclo poderoso que se torna difícil de romper.

O ciclo do hábito:

Cue: um gatilho que inicia o hábito.

Rotina: A ação que você realiza em resposta à sugestão.

Recompensa: O benefício ou alívio que você obtém, que reforça o comportamento.

Os maus hábitos geralmente são alimentados por recompensas imediatas, mesmo que as consequências de longo prazo sejam prejudiciais. Por exemplo:

Comer em excesso proporciona conforto imediato, mas leva ao ganho de peso.

As compras por impulso trazem entusiasmo temporário, mas prejudicam suas finanças.

Reagir emocionalmente aos conflitos parece catártico, mas prejudica os relacionamentos.

Tarefa de reflexão:

Pense em um hábito ruim com o qual você tem dificuldades. Identifique sua sugestão, rotina e recompensa.

3. O potencial de transformação

A boa notícia é que os hábitos não são imutáveis. Eles são padrões, e os padrões podem ser alterados com a abordagem correta. Ao entender como os hábitos funcionam e aprender a substituí-los conscientemente, você pode transformar ciclos destrutivos em ciclos fortalecedores.

Considere o seguinte:

Em vez de procurar junk food quando estiver estressado, você pode se treinar para fazer uma caminhada ou praticar a respiração profunda.

Em vez de evitar o planejamento financeiro, você pode criar o hábito de acompanhar suas despesas diariamente.

Em vez de reagir impulsivamente em situações emocionalmente carregadas, você pode aprender a fazer uma pausa e escolher uma resposta ponderada.

O objetivo não é eliminar hábitos - é criar hábitos melhores. Ao fazer isso, você ganha controle sobre suas ações e cria uma vida alinhada com suas aspirações.

Etapa da ação:

Escreva um hábito ruim que deseja reverter e pense em um hábito mais saudável para substituí-lo.

4. Por que este livro é importante

Este livro é seu guia para a transformação. Trata-se de mais do que quebrar maus hábitos - trata-se de recuperar seu poder de moldar sua vida intencionalmente. Quer sua meta seja perder peso, obter estabilidade financeira ou fortalecer seus relacionamentos, as estratégias deste livro o equiparão para:

Identifique os hábitos que o estão impedindo.

Entenda os gatilhos subjacentes e as recompensas que os motivam.

Substituir padrões destrutivos por comportamentos positivos e sustentáveis.

O que você aprenderá:

A psicologia e a ciência dos hábitos.

Técnicas práticas para reconectar seu comportamento.

Como criar um sistema de responsabilidade e comemorar o progresso.

Por meio desse processo, você descobrirá seu potencial não apenas para atingir metas, mas para construir uma vida de propósito, disciplina e realização.

5. Sua jornada começa aqui

Romper com hábitos ruins e criar hábitos melhores é uma jornada, não uma solução da noite para o dia. Exige comprometimento, autoconsciência e resiliência. Mas as recompensas são transformadoras. Imagine uma versão de você que:

Acorda energizado e confiante, sabendo que está fazendo escolhas que apoiam sua saúde.

Sente-se no controle de suas finanças e animado com seu futuro financeiro.

Conduz os relacionamentos com empatia, paciência e inteligência emocional.

Essa transformação é possível - e começa com um pequeno passo de cada vez.

Tarefa final:

Defina uma intenção para essa jornada. Escreva uma área específica de sua vida que esteja comprometida a melhorar por meio das estratégias deste livro.

Considerações finais sobre o poder dos hábitos

Os hábitos não são apenas ações - eles são expressões de quem você é e de quem está se tornando. Ao assumir o controle de seus hábitos, você assume o controle de seu destino. Este livro servirá como um roteiro para reverter maus hábitos e desbloquear a versão mais saudável, mais rica e emocionalmente inteligente de si mesmo que está esperando para emergir.

Vamos começar.

Capítulo 1:
Por que criamos hábitos ruins

Guia do instrutor para entender e lidar com maus hábitos

Seja bem-vindo! Você está aqui porque reconhece que alguns de seus hábitos o estão atrapalhando, e esse é um primeiro passo corajoso e poderoso. Vamos começar entendendo por que esses hábitos existem - porque saber o "porquê" nos dá as ferramentas para mudá-los.

1. O que são hábitos?

Os hábitos são ações automáticas que seu cérebro programou para economizar energia. Pense em escovar os dentes ou amarrar os sapatos - você não precisa pensar neles; eles simplesmente acontecem. Esse é o lado bom dos hábitos.

O desafio é quando os hábitos se voltam contra você, como navegar nas mídias sociais por horas ou comer demais quando está estressado. Esses são padrões que seu cérebro aprendeu porque, em algum momento, eles fizeram você se sentir melhor ou resolveram um problema, mesmo que apenas temporariamente.

2. Entendendo seu ciclo de hábitos

Para corrigir hábitos ruins, é preciso primeiro entender como eles funcionam. Todo hábito tem três partes:

    Pista (gatilho): É o que coloca seu hábito em movimento. Pode ser uma emoção, uma hora do dia ou até mesmo um cheiro.

        Exemplo: Você se sente entediado no trabalho.

    Rotina (comportamento): É a ação que você realiza em resposta à sugestão.

Exemplo: Você pega um saco de batatas fritas para fazer um lanche.

Recompensa: Essa é a recompensa que reforça o comportamento, mesmo que seja de curta duração.

Exemplo: Você sente uma breve sensação de prazer ao comer as batatas fritas.

Sua tarefa:

Pense em um hábito ruim que gostaria de mudar. Escreva:

O sinal que o aciona.

A rotina que você segue.

A recompensa que você recebe.

3. Por que os maus hábitos permanecem?

Os maus hábitos se mantêm porque lhe dão algo que você deseja - geralmente, gratificação instantânea. Vamos explicar isso:

Você se sente estressado (estímulo), então assiste à TV em excesso (rotina) para se sentir relaxado (recompensa).

O problema? Essa "recompensa" é temporária e não aborda a raiz do problema - o estresse.

Os maus hábitos também se desenvolvem em ambientes que os tornam fáceis. Pense nisso: se a junk food estiver sempre em sua casa, será mais difícil evitá-la. Ou se o seu telefone estiver ao alcance da mão, a rolagem se torna automática.

Sua tarefa:

Passe um dia observando a si mesmo. Quais hábitos acontecem sem que você pense? O que os desencadeia? Anote o máximo que puder.

4. Você está reforçando seus maus hábitos?

Às vezes, reforçamos hábitos ruins sem perceber. Por exemplo:

   Dizer a si mesmo: "Eu sempre fracasso nas dietas" dá ao seu cérebro uma desculpa para parar de tentar.

   Usar frases como "Eu sou apenas uma coruja noturna" pode impedi-lo de criar uma rotina matinal produtiva.

A verdade é a seguinte: as histórias que você conta a si mesmo moldam seus hábitos. Se você se vê como alguém que não pode mudar, seus hábitos refletirão isso.

Sua tarefa:

Anote todos os rótulos que você atribuiu a si mesmo (por exemplo, "Sou ruim com dinheiro"). Desafie-os perguntando: "Isso é realmente verdade ou é apenas um hábito de pensar?"

5. Os custos ocultos dos maus hábitos

Os maus hábitos não são apenas irritantes - eles têm um preço.

   Saúde: Procrastinar a prática de exercícios ou comer mal afeta seu corpo.

   Riqueza: Gastar demais ou deixar de economizar drena sua estabilidade financeira.

   Emoções: Reagir em vez de refletir pode prejudicar seus relacionamentos e sua autoestima.

Pergunte a si mesmo:

Como esse hábito está me prejudicando?

Como seria minha vida se eu a substituísse por algo melhor?

Sua tarefa:

Anote uma maneira pela qual um mau hábito está lhe custando em cada área: saúde, riqueza e emoções. Seja honesto consigo mesmo.

6. Vamos começar pequeno: seu primeiro passo para a mudança

Para mudar um hábito ruim, não é necessário corrigir tudo de uma vez. Comece entendendo um hábito e seus gatilhos. Por enquanto, concentre-se em tomar consciência.

Mantenha um diário: Durante uma semana, anote quando seu mau hábito acontece, o que o desencadeou e como você se sentiu depois.

Pergunte "Por quê?": Vá fundo. Por que você recorre a esse hábito? Que necessidade você está tentando satisfazer?

Lembre-se: os maus hábitos geralmente são apenas soluções para necessidades não atendidas. Depois de entender a necessidade, você pode encontrar maneiras mais saudáveis de satisfazê-la.

Capítulo 2:
Quebrando o ciclo de maus hábitos

Bem-vindo de volta! A esta altura, você já deu o primeiro passo: entender o porquê de seus maus hábitos. Ótimo trabalho. Agora, vamos mudar de marcha e falar sobre como se libertar desses ciclos e começar a criar mudanças duradouras. Este capítulo tratará de estratégias - simples, práticas e eficazes.

1. Reconhecer o poder da conscientização

O primeiro passo para acabar com qualquer hábito é iluminá-lo. Muitos hábitos ruins se desenvolvem na escuridão - eles acontecem tão automaticamente que nem percebemos que os estamos praticando.

Imagine o seguinte: Você entra na cozinha e, sem pensar, pega um lanche. Por quê? Porque é um hábito. Mas e se você parasse e se perguntasse: "Estou realmente com fome?" Esse momento de conscientização é onde a mudança começa.

Sua tarefa:

Na próxima semana, use essa técnica simples de interrupção de hábitos:

Quando você se perceber prestes a adotar um mau hábito, faça uma pausa.

Pergunte a si mesmo:

O que estou sentindo neste momento?

Por que estou prestes a fazer isso?

Existe uma maneira mais saudável de lidar com esse momento?

2. Substitua, não remova

Aqui está uma verdade: os hábitos são difíceis de "quebrar", mas podem ser substituídos. Seu cérebro não gosta de um vazio. Se você tentar acabar com um hábito ruim sem colocar outra coisa no lugar dele, é mais provável que ele volte.

Exemplo:

Hábito antigo: Tomar um refrigerante açucarado todas as tardes.

Hábito de substituição: Buscar água com gás ou chá de ervas.

Observe que você ainda está satisfazendo o desejo de beber, mas com uma opção mais saudável.

Sua tarefa:

Escolha um hábito ruim que você queira trabalhar nesta semana. Escreva:

O hábito que você deseja substituir.

Uma alternativa positiva que atende à mesma necessidade.

Comprometa-se a praticar a substituição por uma semana.

3. Controle seu ambiente

Muitos hábitos são influenciados por seu ambiente. Se o ambiente que o cerca apoia seu mau hábito, é como tentar nadar contra a corrente. Mude seu ambiente e será mais fácil mudar seu comportamento.

Exemplos:

Problema: você consome excessivamente junk food.

Solução: Retire as porcarias de sua casa e faça um estoque de lanches saudáveis.

Problema: Você procrastina assistindo à TV.

Solução: Mantenha o controle remoto em uma gaveta e, em vez disso, coloque um livro ou seus materiais de trabalho no sofá.

Sua tarefa:

Escolha um hábito que esteja ligado ao seu ambiente. Em seguida:

Identifique o gatilho em seu ambiente.

Mude essa parte de seu ambiente para tornar o hábito mais difícil de ser feito.

4. Use o poder das pequenas vitórias

Mudanças grandes e abrangentes geralmente fracassam porque são esmagadoras. Em vez disso, busque vitórias pequenas e gerenciáveis que criem impulso ao longo do tempo.

Exemplo:

Em vez de dizer: "Vou me exercitar por uma hora todos os dias", comece com apenas 5 minutos.

Se quiser reduzir o tempo de tela, comece reduzindo-o em 10 minutos por dia.

O segredo é a consistência. Pequenas vitórias levam a grandes mudanças.

Sua tarefa:

Identifique uma "pequena vitória" em que você possa trabalhar hoje. Qual é a pequena ação que o move na direção certa? Anote-a e comprometa-se a realizá-la todos os dias durante uma semana.

5. Use a responsabilidade para se manter no caminho certo

Vamos encarar os fatos: mudar hábitos é difícil de fazer sozinho. Ter alguém para mantê-lo responsável pode fazer toda a diferença.

Exemplos de ferramentas de responsabilidade:

   Sistema de amigos: Encontre um amigo ou membro da família que possa acompanhar seu progresso.

   Compromissos públicos: Compartilhe suas metas com outras pessoas - isso cria uma pressão externa para que você as cumpra.

   Acompanhamento do progresso: Use um aplicativo de rastreamento de hábitos ou um calendário simples para marcar cada dia em que você se mantém fiel à sua meta.

Sua tarefa:

Escolha um método de responsabilidade que funcione para você. Anote-o e estabeleça-o hoje mesmo.

6. Pratique a autocompaixão

A quebra de um hábito não é um caminho reto. Você terá contratempos, e isso não é problema. A meta não é a perfeição - é o progresso.

Quando você escorregar, evite se culpar. Em vez disso, pergunte:

O que provocou isso?

Como posso me preparar melhor para a próxima vez?

Trate-se com a mesma gentileza que ofereceria a um amigo.

Sua tarefa:

Escreva uma declaração de autocompaixão que você possa usar quando tiver um deslize. Exemplo:

"Não há problema em ter contratempos. Estou aprendendo e melhorando a cada dia."

7. Quebrando o ciclo em ação

Aqui está um resumo das etapas a serem seguidas para acabar com esse mau hábito:

Reconheça-o: Conscientize-se do hábito.

Substitua-o: Escolha uma alternativa mais saudável.

Reestruture seu ambiente: Remova os gatilhos e as tentações.

Comece com pouco: Concentre-se em ações consistentes e gerenciáveis.

Mantenha-se responsável: Obtenha apoio e acompanhe seu progresso.

Seja gentil com você mesmo: Aprenda com os contratempos e continue seguindo em frente.

No próximo capítulo, vamos nos aprofundar nos custos ocultos dos maus hábitos e como eles afetam sua saúde, riqueza e bem-estar emocional. Por enquanto, concentre-se em observar, substituir e praticar essas estratégias.

Lembre-se de que a mudança é um processo, e você está se saindo muito bem!

Capítulo 3:
O custo de permanecer o mesmo

Bem-vindo ao Capítulo 3! Até agora, discutimos por que os hábitos se formam e como começar a quebrar o ciclo. Mas vamos parar por um momento e nos perguntar: O que acontece se eu não mudar?

Não se trata de assustá-lo - trata-se de ajudá-lo a entender o verdadeiro custo de permanecer preso a maus hábitos. Depois de ver o quanto pode perder, você se sentirá ainda mais motivado a criar um futuro melhor.

1. Os custos de saúde dos maus hábitos

Os maus hábitos afetam seu corpo ao longo do tempo. Os danos podem não aparecer imediatamente, mas ao longo de meses e anos, as consequências podem se acumular.

Custos comuns de saúde:

   Escolhas ruins de dieta: Podem levar a ganho de peso, doenças cardíacas, diabetes e fadiga.

   Falta de exercícios: Enfraquece os músculos, diminui a resistência e contribui para doenças crônicas.

   Estresse e hábitos ruins de sono: Diminuem o sistema imunológico, aumentam a pressão arterial e fazem com que você se sinta mentalmente esgotado.

A verificação da realidade:

Imagine estar 5, 10 ou 20 anos no futuro. Como esses hábitos afetarão sua saúde física? Você terá energia para aproveitar a vida, viajar ou brincar com seus filhos ou netos?

Sua tarefa:

Escreva um hábito ruim para a saúde que você tem atualmente. Em seguida, escreva uma breve descrição de como ele poderá afetá-lo se continuar com ele nos próximos 10 anos.

2. Os custos financeiros dos maus hábitos

Os maus hábitos podem drenar silenciosamente sua carteira. Pense nas despesas diárias ou nas decisões impulsivas de gastos - quanto elas realmente estão lhe custando?

Exemplos de custos financeiros:

Corridas diárias para tomar café ou comida para viagem: US$ 5 por dia pode não parecer muito, mas em um ano, isso equivale a quase US$ 2.000.

Compras por impulso: Roupas, aparelhos ou assinaturas que você não usa podem se acumular rapidamente.

Oportunidades perdidas: Gastar em vez de poupar ou investir limita seu crescimento financeiro.

A verificação da realidade:

Imagine como suas finanças poderiam estar se você redirecionasse até mesmo uma parte de seus gastos para poupança ou investimentos.

Sua tarefa:

Analise suas despesas recentes. Identifique um hábito ou despesa que você poderia cortar. Escreva quanto você economizaria em um mês e em um ano se mudasse esse hábito.

3. Os custos emocionais dos maus hábitos

Os maus hábitos não afetam apenas seu corpo e sua conta bancária - eles também pesam em sua mente e coração.

Custos emocionais:

Baixa autoestima: Não conseguir mudar repetidamente pode fazer com que você se sinta derrotado ou preso.

Relacionamentos prejudicados: Negligenciar entes queridos, comunicação deficiente ou reatividade podem prejudicar suas conexões.

Sobrecarga mental: O estresse causado pela procrastinação ou por tarefas não concluídas pode fazer com que você se sinta sobrecarregado.

A verificação da realidade:

Como seria sua vida emocional se você substituísse um hábito ruim por um saudável e edificante? Você poderia se sentir mais confiante, menos estressado ou mais próximo das pessoas de quem gosta?

Sua tarefa:

Pense em um hábito ruim que afeta negativamente suas emoções ou relacionamentos. Escreva como sua vida melhoraria emocionalmente se você superasse esse hábito.

4. Custos de oportunidade: O que você está deixando de ganhar?

Todo hábito ruim rouba tempo e energia que poderiam ser gastos em algo mais significativo. Vamos considerar:

Tempo: A procrastinação, o hábito de assistir a séries ou a rolagem sem sentido poderiam ser usados para aprender novas habilidades, construir relacionamentos ou trabalhar em seus sonhos.

Energia: Os maus hábitos drenam a energia mental e física, deixando-o exausto demais para perseguir suas metas.

A verificação da realidade:

Pergunte a si mesmo: O que você poderia conseguir se recuperasse apenas uma hora por dia de seus maus hábitos?

Sua tarefa:

Escreva uma grande meta que você vem adiando. Agora calcule quanto tempo você economizaria por semana se reduzisse um hábito que o faz perder tempo.

5. O custo do arrependimento

O arrependimento é um dos fardos mais pesados da vida. Imagine olhar para trás daqui a alguns anos e desejar ter feito escolhas diferentes. A boa notícia? Você está aqui e tem o poder de mudar.

A verificação da realidade:

Pense na versão futura de você mesmo. Que conselho ela lhe daria sobre os hábitos que você precisa mudar hoje?

Sua tarefa:

Escreva uma carta do seu "eu futuro" para o seu "eu atual", explicando como sua vida melhorou depois que você começou a abandonar seus maus hábitos.

6. Transformando a conscientização em ação

A esta altura, você já refletiu sobre como os maus hábitos estão afetando sua saúde, riqueza e emoções. Vamos canalizar essa consciência para a motivação:

Escreva uma declaração sobre por que você quer mudar. Exemplo:

"Quero me sentir energizada e confiante em meu corpo para poder brincar com meus netos sem me cansar."

"Quero acumular riqueza para poder me aposentar confortavelmente e sustentar minha família."

Considerações finais

Ficar na mesma tem um preço - que aumenta quanto mais você espera. Mas aqui está a boa notícia: cada passo que você dá hoje, por menor que seja, reduz esse custo e o aproxima da vida que você deseja.

No próximo capítulo, exploraremos como reverter hábitos ruins específicos, começando pela sua saúde física. Por enquanto, mantenha o foco no que está em jogo e use isso como combustível para a mudança. Você está fazendo um trabalho incrível - continue!

Capítulo 4: Reajustando os hábitos alimentares

A alimentação é uma das influências mais poderosas sobre sua saúde física, energia e bem-estar geral. No entanto, os hábitos alimentares também são alguns dos mais difíceis de mudar. Por quê? Porque a alimentação está ligada às nossas emoções, rotinas e até mesmo à nossa vida social. Neste capítulo, exploraremos como reconfigurar seus hábitos alimentares para que se alinhem às suas metas de saúde, sem se sentir privado ou sobrecarregado.

1. Por que lutamos contra os hábitos alimentares

Os hábitos alimentares são frequentemente influenciados por:

Emoções: O estresse, o tédio ou a tristeza podem levar à alimentação emocional.

Conveniência: Fast food e lanches processados são fáceis, mas geralmente não são saudáveis.

Meio ambiente: As opções não saudáveis podem ser mais acessíveis do que as nutritivas.

Comportamento aprendido: Muitos padrões alimentares têm origem na infância, como terminar tudo o que está no prato ou usar a comida como recompensa.

A chave para reconectar seus hábitos alimentares é reconhecer esses padrões e aprender a interrompê-los.

2. Comece com a conscientização

O exercício do diário alimentar:

Antes de mudar seus hábitos alimentares, você precisa entendê-los. Durante uma semana, mantenha um diário alimentar. Anote:

> O que você come (tudo, até mesmo lanches).
>
> Quando você come (hora do dia).
>
> Por que você come (fome, estresse, tédio, comemoração, etc.).
>
> Como você se sente depois (satisfeito, culpado, energizado, etc.).

Por que isso funciona:

Esse exercício revela padrões, como comer por hábito e não por fome ou escolher opções não saudáveis quando está estressado. A conscientização é o primeiro passo para a mudança.

3. Quebre o ciclo da alimentação emocional

A alimentação emocional geralmente começa com um gatilho - estresse, tédio ou tristeza. O segredo é substituir o comportamento por algo mais saudável.

Passos para acabar com a alimentação emocional:

Identifique o gatilho: Faça uma pausa e pergunte: "Estou realmente com fome ou isso é emocional?"

Interrompa o ciclo: Escolha uma atividade alternativa, como caminhar, escrever em um diário ou ligar para um amigo.

Pratique a alimentação consciente: Ao comer, concentre-se nos sabores, nas texturas e no prazer da comida. Isso reduz a ingestão excessiva de alimentos e aumenta a satisfação com porções menores.

4. Planeje suas refeições com intenção

Uma alimentação saudável começa com o planejamento. Quando você tem opções nutritivas prontamente disponíveis, é mais fácil fazer escolhas melhores.

Etapas para planejar com sucesso:

Preparação de refeições: reserve um tempo toda semana para preparar refeições ou lanches saudáveis.

Abasteça sua cozinha: Tenha à mão alimentos nutritivos como frutas, legumes, grãos integrais e proteínas magras.

Pré-dividir os lanches: Em vez de comer direto da sacola, divida os lanches em porções individuais para evitar comer demais.

Programe as refeições: Coma em horários consistentes para reduzir o hábito de comer sem pensar.

Sua tarefa:

Planeje um dia de refeições e lanches. Escreva-o e se comprometa a segui-lo.

5. Controle seu ambiente

O ambiente ao seu redor desempenha um papel importante em seus hábitos alimentares. Se a junk food estiver ao seu alcance, será mais difícil resistir a ela.

Etapas para criar um ambiente de alimentação saudável:

Fora da vista, fora da mente: Mantenha os lanches não saudáveis fora de vista ou fora de casa.

Dicas visuais: Exiba opções saudáveis, como frutas ou nozes, no balcão.

Pratos menores: Use pratos menores para controlar as porções e evitar comer demais.

Refeições sem distrações: Evite comer na frente de telas para manter a atenção.

Sua tarefa:

Faça hoje uma mudança em seu ambiente que favoreça uma alimentação mais saudável.

6. Crie hábitos melhores, um passo de cada vez

Mudar os hábitos alimentares não significa reformular toda a sua dieta da noite para o dia. Concentre-se em etapas pequenas e gerenciáveis.

Exemplos de pequenas vitórias:

Troque o refrigerante por água ou chá.

Adicione uma porção de vegetais ao seu jantar.

Escolha grãos integrais em vez de carboidratos refinados.

Prepare seu almoço em vez de comer fora.

Sua tarefa:

Escolha uma pequena mudança em seus hábitos alimentares. Pratique-a de forma consistente por uma semana antes de acrescentar outra mudança.

7. Redefinir "guloseimas" e recompensas

Os alimentos são frequentemente usados como recompensa, mas isso pode reforçar hábitos não saudáveis. Em vez disso, encontre maneiras não alimentares de comemorar ou se confortar.

Exemplos de recompensas não alimentícias:

Um banho relaxante.

Comprar um novo livro ou roupa.

Dedicar tempo para desfrutar de um hobby.

Sua tarefa:

Escreva três recompensas não alimentares que você usará para comemorar seu progresso.

8. Equilíbrio, não perfeição

Uma alimentação saudável não tem a ver com perfeição - tem a ver com equilíbrio. Não há problema em saborear seus alimentos favoritos ocasionalmente. O segredo é a moderação.

Dicas para o equilíbrio:

  Siga a regra 80/20: Coma alimentos nutritivos 80% do tempo e permita indulgências nos outros 20%.

  Pratique o controle de porções: Você pode saborear a sobremesa sem exagerar.

  Perdoe a si mesmo: Um deslize não arruína seu progresso. Volte ao caminho certo em sua próxima refeição.

9. Os benefícios a longo prazo

Quando você reformular seus hábitos alimentares, perceberá mudanças que vão muito além do número na balança:

  Aumento da energia e do foco.

  Melhor humor e estabilidade emocional.

  Melhoria da digestão e da saúde geral.

Imagine sentir-se mais forte, mais confiante e no controle de sua relação com a comida. Essa é a recompensa por fazer essas mudanças.

Considerações finais

A renovação dos hábitos alimentares é uma jornada, não uma corrida de velocidade. Comece aos poucos, mantenha-se consistente e comemore cada vitória ao longo do caminho. Lembre-se de que você não está apenas mudando o que come - está transformando sua saúde e sua vida.

No próximo capítulo, abordaremos outra área importante: como construir riqueza rompendo com os maus hábitos financeiros. Por enquanto, concentre-se em fazer escolhas alimentares conscientes e intencionais. Você é capaz!

Capítulo 5: O movimento como um estilo de vida

Bem-vindo de volta! Já falamos sobre hábitos alimentares e agora é hora de mudar o foco para outro pilar do bem-estar: o movimento. Exercitar-se não significa apenas ir à academia - trata-se de integrar a atividade física em sua vida diária de uma forma que pareça natural e sustentável.

Este capítulo o guiará pelas etapas para reformular a forma como você pensa sobre o movimento, encontrar atividades de que goste e desenvolver um estilo de vida que apoie uma versão mais saudável e energizada de si mesmo.

1. Por que o movimento é importante

A atividade física afeta sua vida de inúmeras maneiras, muito além de queimar calorias ou desenvolver músculos. Vamos parar um pouco para entender por que o movimento é essencial:

   Aumenta a energia: A atividade regular aumenta o fluxo sanguíneo e o oxigênio para as células, mantendo-o mais alerta e concentrado.

   Apoia a saúde mental: O exercício físico libera endorfinas, as substâncias químicas que fazem você se sentir bem e reduzem o estresse, a ansiedade e a depressão.

   Melhora a saúde física: O movimento fortalece o coração, os ossos e os músculos, além de reduzir o risco de doenças crônicas.

   Aumenta a longevidade: Pessoas ativas têm maior probabilidade de ter uma vida mais longa e saudável.

2. Mude sua mentalidade em relação ao movimento

De "Exercício" a "Movimento"

Muitas pessoas veem o exercício como uma tarefa ou um castigo por comer demais. Vamos mudar essa mentalidade. O movimento não é uma tarefa a ser cumprida - é uma maneira de comemorar o que seu corpo pode fazer e de investir em sua saúde.

O objetivo: encontrar alegria na mudança

O segredo para fazer do movimento um estilo de vida é encontrar atividades de que você realmente goste. O exercício não precisa ser um treino na academia; pode ser dançar, cuidar do jardim, caminhar ou praticar um esporte.

Sua tarefa:

Reserve cinco minutos para refletir:

De que tipos de movimento você gosta atualmente?

Que novas atividades você tem curiosidade de experimentar?

3. Comece pequeno, desenvolva a consistência

Você não precisa correr uma maratona ou passar horas se exercitando para ver os resultados. O objetivo é a consistência sobre a intensidade.

Ideias para pequenas vitórias:

Faça uma caminhada de 10 minutos após as refeições.

Alongue-se por 5 minutos pela manhã ou à noite.

Use as escadas em vez do elevador.

Estacione mais longe para adicionar passos extras ao seu dia.

Sua tarefa:

Comprometa-se com uma pequena meta de movimento para a semana. Exemplos:

"Vou caminhar por 15 minutos todos os dias após o jantar."

"Farei 10 agachamentos todas as manhãs antes de escovar os dentes."

4. Incorpore o movimento em sua rotina

Para fazer do movimento um estilo de vida, ele precisa se encaixar perfeitamente em sua programação diária.

Dicas para integrar o movimento:

Deslocamentos ativos: Caminhe ou vá de bicicleta para o trabalho, se possível. Se for de carro, estacione mais longe da entrada.

Intervalos de trabalho: Levante-se e alongue-se a cada 30 minutos. Considere a possibilidade de usar uma mesa de pé ou reuniões a pé.

Atividades sociais: Substitua os encontros sedentários (como assistir à TV) por encontros ativos, como caminhadas ou prática de esportes.

Tempo com a família: transforme o tempo com a família em tempo ativo - passeios de bicicleta, visitas a parques ou apresentações de dança na sala de estar.

Sua tarefa:

Identifique uma área de sua rotina em que você pode adicionar movimento. Escreva-a e comprometa-se a tentar fazer isso nos próximos três dias.

5. Foco no movimento funcional

O movimento funcional imita as atividades da vida real e desenvolve a força, a flexibilidade e o equilíbrio para as tarefas cotidianas. Essa abordagem é particularmente benéfica se você estiver começando a se exercitar ou estiver procurando evitar lesões.

Exemplos de movimentos funcionais:

Agachamentos: Imitam a posição sentada e em pé, fortalecendo as pernas e o núcleo.

Flexões: Aumenta a força da parte superior do corpo para tarefas como levantar ou carregar.

Lunges de caminhada: Melhora o equilíbrio e a força das pernas.

Pranchas: Fortalece seu núcleo para melhorar a postura e a estabilidade.

Sua tarefa:

Escolha um movimento funcional e pratique-o por 1 a 2 minutos todos os dias desta semana.

6. Superação de barreiras ao movimento

Todo mundo enfrenta obstáculos para se manter ativo. Vamos abordar alguns dos mais comuns:

Barreiras e soluções comuns:

"Não tenho tempo."

Solução: Dividir a atividade em pequenos intervalos. Até mesmo 5 minutos de atividade se acumulam ao longo do dia.

"Não gosto de me exercitar."

Solução: Experimente atividades diferentes até encontrar algo de que goste. O movimento deve parecer uma recompensa, não uma punição.

"Estou muito cansado."

Solução: Comece aos poucos. O movimento geralmente aumenta os níveis de energia em vez de reduzi-los.

Sua tarefa:

Escreva sua maior barreira para se manter ativo. Em seguida, faça um brainstorming de uma solução prática que você possa implementar esta semana.

7. Torne-o social

O exercício não precisa ser uma atividade individual. De fato, o movimento social pode ser mais agradável e motivador.

Ideias para o movimento social:

   Participe de uma equipe esportiva local ou de uma aula de ginástica.

   Faça caminhadas com um amigo ou membro da família.

   Desafie seus amigos para competições de contagem de passos usando um rastreador de condicionamento físico.

   Seja voluntário em causas ativas, como limpezas comunitárias ou corridas beneficentes.

Sua tarefa:

Entre em contato com uma pessoa que possa ser seu companheiro de movimento. Agende um horário para fazerem algo ativo juntos.

8. Acompanhe seu progresso e comemore as vitórias

O acompanhamento de seus movimentos pode ajudá-lo a manter-se motivado e ver o quanto já avançou.

Métodos de rastreamento:

   Use um rastreador de condicionamento físico ou um aplicativo para smartphone.

   Mantenha um diário para registrar suas atividades diárias.

   Estabeleça pequenos marcos e recompense-se quando atingi-los.

Sua tarefa:

Escolha um método de monitoramento e registre seus movimentos na próxima semana. Escolha uma pequena recompensa por atingir seu primeiro marco.

9. Os benefícios de longo prazo do movimento

Quando você faz do movimento um estilo de vida, os benefícios vão muito além da saúde física. Veja o que você ganhará:

Aumento da confiança: Sentir-se mais forte e mais capaz aumenta a autoestima.

Melhor humor: a movimentação regular reduz o estresse e aumenta a clareza mental.

Conexões mais profundas: Os hobbies ativos podem fortalecer os relacionamentos com amigos e familiares.

Longevidade: Manter-se ativo ajuda você a viver mais e a manter a independência à medida que envelhece.

Considerações finais

O movimento é um presente que você dá ao seu corpo, mente e espírito. Ao integrá-lo em sua vida diária, você desenvolverá força, resiliência e um senso de realização que se espalhará por todas as áreas de sua vida.

No próximo capítulo, exploraremos o lado financeiro da quebra de maus hábitos e como começar a construir riqueza por meio da gestão intencional do dinheiro. Por enquanto, calce seus tênis, mexa-se e aproveite a jornada. Você está fazendo um trabalho incrível!

Capítulo 6:
Mente sobre o prato

Bem-vindo ao Capítulo 6! Nos capítulos anteriores, abordamos a importância dos hábitos alimentares e do movimento. Agora é hora de nos concentrarmos no papel que sua mentalidade desempenha em seu relacionamento com a comida. A maneira como você pensa sobre a alimentação - suas crenças, emoções e hábitos - pode apoiar ou sabotar suas metas. Este capítulo o guiará no desenvolvimento de uma abordagem consciente e intencional em relação à alimentação, para que você possa se libertar de padrões prejudiciais à saúde e realmente desfrutar da nutrição do seu corpo.

1. A conexão entre a mentalidade e a alimentação

A comida é mais do que apenas combustível - ela está ligada à cultura, ao conforto e até mesmo à autoimagem. Infelizmente, essa conexão emocional às vezes pode levar a excessos, culpa ou restrições.

Para transformar seus hábitos alimentares, você precisa mudar sua mentalidade. A alimentação consciente é a chave para fazer escolhas conscientes que beneficiem sua saúde e felicidade.

2. Entendendo o que é comer sem pensar

A alimentação sem pensar acontece quando comemos sem prestar atenção, muitas vezes levando a excessos ou escolhas pouco saudáveis. Os gatilhos comuns incluem:

    Alimentação emocional: Uso de alimentos para lidar com o estresse, a tristeza ou o tédio.

    Pistas externas: Comer porque a comida está disponível, não porque você está com fome (pense em bufês ou lanches de escritório).

Distrações: Comer enquanto assiste à TV, navega no celular ou trabalha.

Sua tarefa:

Reflita sobre as três últimas refeições ou lanches que você fez. Você estava realmente com fome ou estava comendo por hábito, emoção ou distração? Anote suas observações.

3. Pratique a alimentação consciente

A alimentação consciente consiste em diminuir o ritmo e estar totalmente presente com a comida. Isso o ajuda a ouvir os sinais de fome e saciedade do seu corpo, facilitando a prevenção de excessos.

Etapas para praticar a alimentação consciente:

Faça uma pausa antes de comer: Reserve um momento para se informar sobre si mesmo. Você está com fome ou está comendo por hábito ou por emoção?

Envolva seus sentidos: Observe as cores, os cheiros e as texturas de sua comida antes de dar uma mordida.

Coma devagar: Abaixe o garfo entre as mordidas e mastigue bem.

Ouça seu corpo: Pare de comer quando estiver satisfeito, não empanturrado.

Sua tarefa:

Em sua próxima refeição, pratique a alimentação consciente. Elimine as distrações, coma devagar e observe como você se sente.

4. Reescrevendo as crenças alimentares

Muitos de nós têm crenças internalizadas sobre os alimentos que não são úteis. Exemplos comuns incluem:

"Tenho que terminar tudo o que está em meu prato."

"Comida saudável é chata ou sem graça."

"Já fiz besteira hoje, então posso comer o que eu quiser."

Como reformular essas crenças:

Crença antiga: "Tenho que terminar tudo o que está em meu prato".

Nova crença: "Não há problema em guardar as sobras ou parar quando estiver cheio".

Crença antiga: "Comida saudável é chata ou sem graça".

Nova Crença: "Alimentos saudáveis podem ser deliciosos com a preparação correta."

Sua tarefa:

Escreva uma crença negativa que você tem sobre os alimentos. Em seguida, crie uma crença de substituição positiva e repita-a para si mesmo diariamente.

5. Controle da alimentação emocional

A alimentação emocional é um dos desafios mais comuns que as pessoas enfrentam. É essencial abordar as emoções por trás de seus padrões alimentares em vez de usar a comida como um mecanismo de enfrentamento.

Etapas para gerenciar a alimentação emocional:

Identifique os gatilhos: Observe quando você está buscando comida por causa de estresse, tédio ou tristeza.

Encontre alternativas: Substitua a alimentação por um mecanismo de enfrentamento saudável, como escrever um diário, meditar ou fazer uma caminhada.

Planeje com antecedência: Mantenha lanches mais saudáveis disponíveis para evitar decisões impulsivas.

Sua tarefa:

Na próxima vez que sentir vontade de comer emocionalmente, faça uma pausa e tente uma estratégia de enfrentamento que não seja alimentar. Reflita sobre como você se sentiu.

6. Criação de um ambiente de alimentação positivo

Seu ambiente influencia o quanto e o que você come. Ao fazer pequenas mudanças em seu ambiente, você pode apoiar naturalmente hábitos alimentares mais saudáveis.

Dicas para um ambiente positivo:

O tamanho do prato é importante: Use pratos menores para controlar o tamanho das porções.

Fora da vista, fora da mente: Mantenha os lanches não saudáveis fora da vista e coloque as opções saudáveis (como frutas) em um local de fácil acesso.

Crie um ambiente agradável para comer, sentando-se à mesa, usando utensílios adequados e evitando distrações.

Sua tarefa:

Faça uma pequena mudança em seu ambiente de alimentação hoje. Por exemplo, reorganize sua despensa para dar mais destaque às opções saudáveis.

7. Adotar a regra 80/20

A regra 80/20 significa concentrar-se em escolhas saudáveis 80% do tempo e, ao mesmo tempo, permitir-se alguma flexibilidade para indulgências. Essa abordagem reduz a pressão para ser "perfeito" e torna a alimentação saudável mais sustentável.

Como aplicar a regra 80/20:

Planeje suas indulgências: Decida quando e como você desfrutará de uma guloseima.

Saboreie sua comida: Quando estiver se deliciando, coma devagar e saboreie cada mordida sem culpa.

Volte ao caminho certo: Retome seus hábitos alimentares saudáveis em sua próxima refeição.

Sua tarefa:

Escolha uma indulgência que você vai desfrutar esta semana. Planeje quando e como a terá e pratique saboreá-la com atenção.

8. Cultive a gratidão por seus alimentos

A gratidão pode transformar sua relação com os alimentos. Ao apreciar suas refeições, você se sentirá mais satisfeito e conectado ao ato de comer.

Maneiras de praticar a gratidão:

Faça uma pausa antes de comer: Reserve um momento para refletir sobre a origem de seus alimentos e o esforço necessário para prepará-los.

Expresse gratidão: Seja em silêncio ou em voz alta, expresse gratidão pelo alimento que sua refeição fornece.

Aproveite o processo: Saboreie a experiência de cozinhar e comer, não apenas o resultado.

Sua tarefa:

Antes de sua próxima refeição, faça uma pausa e escreva três coisas pelas quais você é grato em relação à sua alimentação.

9. Os benefícios a longo prazo de uma abordagem consciente

Ao mudar sua mentalidade em relação à alimentação, você perceberá mudanças profundas:

Mais controle: Você comerá quando estiver com fome e parará quando estiver satisfeito.

Menos estresse: A culpa e a ansiedade em relação à comida desaparecerão.

Melhor saúde: Com o passar do tempo, a alimentação consciente favorece uma dieta equilibrada e um peso mais saudável.

Prazer mais profundo: A comida se torna uma fonte de prazer, não de frustração.

Considerações finais

A alimentação consciente não tem a ver com perfeição - tem a ver com a criação de uma relação atenciosa e intencional com os alimentos que o capacita a fazer escolhas mais saudáveis. Ao praticar a conscientização, gerenciar as emoções e adotar o equilíbrio, você pode reconfigurar sua mentalidade e construir uma base duradoura para o bem-estar.

No próximo capítulo, abordaremos o lado financeiro da quebra de maus hábitos e exploraremos como construir riqueza transformando sua mentalidade em relação ao dinheiro. Por enquanto, continue praticando a "mente sobre o prato" e comemore cada pequeno passo que você der. Você é capaz!

Capítulo 7: Quebrando o ciclo de gastos excessivos

Bem-vindo ao Capítulo 7, onde mudamos nosso foco para os hábitos financeiros. O excesso de gastos é uma das armadilhas financeiras mais comuns. Muitas vezes, ele se origina de questões mais profundas, como estresse, gatilhos emocionais ou até mesmo falta de consciência sobre o destino do seu dinheiro.

Neste capítulo, eu o ajudarei a identificar as causas dos gastos excessivos, a desenvolver estratégias para controlá-los e a criar um plano para alinhar seus gastos com seus valores e metas financeiras. Lembre-se de que a saúde financeira é tão importante quanto a saúde física e emocional quando se trata de bem-estar geral.

1. Entender por que você gasta demais

Para quebrar o ciclo de gastos excessivos, precisamos primeiro identificar suas causas principais. Pergunte a si mesmo:

Motivos comuns para gastos excessivos:

   Gatilhos emocionais: Compras para lidar com o estresse, a tristeza, o tédio ou a baixa autoestima.

   Pressões sociais: Gastos para acompanhar os amigos, as tendências ou as expectativas da sociedade.

   Cultura da conveniência: Confiar em compras por impulso ou serviços de entrega sem considerar os custos.

   Falta de conscientização: Não controlar seus gastos ou não perceber como as pequenas compras se acumulam com o tempo.

Sua tarefa:

Reserve 10 minutos para refletir sobre seus hábitos de consumo. Anote as três últimas compras não essenciais que você fez. O que motivou essas compras?

2. Reconhecendo padrões de gastos excessivos

Os padrões geralmente determinam o comportamento, e com os gastos excessivos não é diferente. Identificar quando e onde é mais provável que você gaste demais pode ajudá-lo a quebrar o ciclo.

Padrões comuns:

    Hora do dia: Você gasta demais tarde da noite enquanto navega em lojas on-line?

    Locais: Há lojas, sites ou aplicativos específicos onde você sempre gasta demais?

    Estados emocionais: Você faz compras quando está deprimido, estressado ou comemorando?

Sua tarefa:

Durante uma semana, registre cada compra que fizer. Use um caderno ou aplicativo para anotar o que comprou, onde comprou e como estava se sentindo no momento. Procure padrões.

3. Mude sua mentalidade em relação ao dinheiro

Assim como acontece com os alimentos ou exercícios, sua relação com o dinheiro é moldada por suas crenças e atitudes. É hora de reformular essas crenças para apoiar hábitos financeiros mais saudáveis.

Reformule os mitos comuns sobre dinheiro:

Mito: "Eu mereço me tratar bem porque trabalho duro."

Verdade: Você merece estabilidade financeira e paz de espírito mais do que uma gratificação passageira.

Mito: "Começarei a economizar quando ganhar mais dinheiro".

Verdade: Economizar é um hábito, não um número. Mesmo pequenas quantias são importantes.

Sua tarefa:

Escreva uma crença limitante sobre dinheiro que você tenha. Substitua-a por uma afirmação positiva e fortalecedora. Por exemplo:

Crença limitante: "Eu sempre serei ruim com dinheiro".

Crença fortalecedora: "Estou aprendendo a administrar meu dinheiro e melhorando a cada dia."

4. Implementação de limites de gastos

Para controlar os gastos excessivos, você precisa de limites claros para suas despesas. Essas diretrizes funcionam como grades de proteção, mantendo-o no caminho certo sem parecer excessivamente restritivo.

Estratégias para estabelecer limites:

A regra das 24 horas: Espere 24 horas antes de fazer compras não essenciais.

Método somente em dinheiro: Retirar uma quantia definida de dinheiro toda semana para gastos discricionários.

Defina limites mensais: Aloque quantias específicas para categorias como jantar fora, entretenimento ou vestuário.

Sua tarefa:

Escolha um limite de gastos para implementar esta semana. Escreva-o e cumpra-o. Por exemplo: "Usarei a regra das 24 horas para todas as compras acima de US$ 50".

5. Substitua as compras por impulso por ganhos financeiros

O gasto por impulso é geralmente um hábito, mas os hábitos podem ser substituídos. Toda vez que você resistir a uma compra não essencial, redirecione esse dinheiro para uma meta financeira.

Exemplos de redirecionamento:

Transfira o valor que você não gastou para sua conta poupança.

Use-o para pagar dívidas.

Invista em algo significativo, como uma habilidade ou experiência que se alinhe com seus valores.

Sua tarefa:

Da próxima vez que você se sentir tentado a comprar algo por impulso, faça uma pausa. Pegue esse dinheiro e transfira-o para uma conta poupança ou use-o para pagar dívidas. Acompanhe o quanto você está "economizando" ao longo do tempo.

6. Alinhe seus gastos com seus valores

Os gastos excessivos geralmente ocorrem quando suas compras não estão alinhadas com o que realmente importa para você. Quando você identifica seus valores essenciais, pode priorizar os gastos com coisas que lhe proporcionam verdadeira satisfação.

Etapas para alinhar os gastos:

   Identifique seus valores: O que é mais importante para você - família, saúde, educação, experiências?

   Avalie as compras: Pergunte a si mesmo: "Esta compra está alinhada com meus valores?"

   Planeje com antecedência: Crie um orçamento que reflita suas prioridades.

Sua tarefa:

Anote seus três principais valores. Para cada valor, liste uma maneira de ajustar seus gastos para refletir esse valor.

7. Ferramentas para controlar e gerenciar seu dinheiro

O controle de suas finanças é fundamental para quebrar o ciclo de gastos excessivos. Felizmente, há muitas ferramentas e técnicas para ajudá-lo a manter a responsabilidade.

Ferramentas recomendadas:

   Aplicativos de orçamento: Aplicativos como Mint, YNAB (You Need A Budget) ou EveryDollar podem ajudá-lo a controlar os gastos em tempo real.

Planilhas eletrônicas: Se preferir uma abordagem manual, crie uma planilha simples para categorizar e totalizar suas despesas.

Sistema de envelopes: Aloque dinheiro para categorias específicas e gaste apenas o que estiver em cada envelope.

Sua tarefa:

Escolha uma ferramenta para monitorar seus gastos neste mês. Comece inserindo suas despesas da semana anterior.

8. Superação de contratempos

A quebra de hábitos financeiros leva tempo, e os contratempos fazem parte do processo. O segredo é aprender com eles e continuar avançando.

Dicas para lidar com contratempos:

Evite a vergonha: Reconhecer que os deslizes são normais.

Analisar o gatilho: O que levou ao excesso de gastos? Como você pode lidar com isso da próxima vez?

Concentre-se novamente nas metas: Lembre-se do motivo pelo qual está trabalhando para melhorar seus hábitos financeiros.

Sua tarefa:

Pense em um contratempo recente. Escreva o que você aprendeu com isso e uma maneira de lidar com uma situação semelhante de forma diferente no futuro.

9. As recompensas a longo prazo da disciplina financeira

Romper o ciclo de gastos excessivos não se trata apenas de economizar dinheiro - trata-se de criar liberdade e segurança em sua vida.

Benefícios que você terá:

   Redução do estresse: Não precisa mais se preocupar com dívidas ou contas.

   Aumento da poupança: Fundos para emergências, metas e oportunidades.

   Alinhamento com os valores: Gastar com o que realmente importa traz maior satisfação.

   Construindo riqueza: A disciplina financeira é a base para aumentar seu patrimônio ao longo do tempo.

Considerações finais

Romper o ciclo de gastos excessivos é uma jornada, mas cada pequeno passo que você dá o aproxima da liberdade financeira. Compreendendo seus hábitos, estabelecendo limites e alinhando seus gastos com seus valores, você construirá uma relação mais saudável com o dinheiro que apoiará suas metas de longo prazo.

No próximo capítulo, exploraremos como fortalecer a inteligência emocional, ajudando-o a construir conexões mais profundas e a gerenciar suas emoções com mais habilidade. Por enquanto, concentre-se em suas vitórias financeiras e comemore seu progresso - você está construindo um futuro mais brilhante!

Capítulo 8:
Criando disciplina financeira

Bem-vindo ao Capítulo 8! Agora que já abordamos os gastos excessivos, é hora de nos concentrarmos no cultivo da disciplina financeira. A disciplina é a espinha dorsal do sucesso financeiro - ela o capacita a administrar seu dinheiro de forma intencional, evitar dívidas desnecessárias e trabalhar para atingir suas metas financeiras com consistência e confiança.

Neste capítulo, vou orientá-lo nas etapas práticas para desenvolver a disciplina financeira, ajudando-o a permanecer comprometido com seu plano mesmo quando surgirem tentações. Com as ferramentas, a mentalidade e as estratégias certas, você aprenderá a controlar suas finanças em vez de deixar que elas o controlem.

1. Entendendo a disciplina financeira

A disciplina financeira não tem a ver com privação - tem a ver com priorizar suas necessidades e metas de longo prazo em vez de desejos impulsivos. Significa tomar decisões ponderadas sobre como você ganha, gasta, poupa e investe.

Os benefícios da disciplina financeira:

   Paz de espírito: você se sentirá no controle de suas finanças.

   Atingir metas: O esforço consistente o aproximará dos marcos financeiros.

   Construindo riqueza: A disciplina permite que seu dinheiro cresça por meio de poupança e investimento.

Sua tarefa:

Reserve um momento para definir o que significa disciplina financeira para você. Escreva um benefício de longo prazo que você espera obter ao desenvolver essa habilidade.

2. Definição de metas financeiras claras

A disciplina se torna mais fácil quando você sabe para o que está trabalhando. Metas claras e específicas proporcionam motivação e direção.

Etapas para definir metas financeiras:

Identifique suas prioridades: O que é mais importante - quitar dívidas, economizar para comprar uma casa ou criar um fundo de emergência?

Seja específico: Metas vagas levam a resultados vagos. Em vez de "economizar mais dinheiro", tenha como meta "economizar US$ 5.000 em 12 meses".

Defina um cronograma: Os prazos criam urgência e o ajudam a acompanhar o progresso.

Divida: Divida metas grandes em marcos menores e gerenciáveis.

Sua tarefa:

Escreva uma meta financeira de curto prazo (3-6 meses) e uma de longo prazo (1 ano ou mais). Seja o mais específico possível.

3. Criação de um orçamento realista

Um orçamento é seu roteiro para a disciplina financeira. Ele garante que você aloque sua renda de uma forma que se alinhe com suas metas.

Principais componentes de um orçamento:

   Despesas fixas: Aluguel, serviços públicos, seguro e outros custos recorrentes.

   Despesas variáveis: Mantimentos, transporte, entretenimento.

   Poupança: Procure economizar pelo menos 20% de sua renda, se possível.

   Pagamento de dívidas: Priorize o pagamento de dívidas com juros altos.

Sua tarefa:

Crie um orçamento simples para o próximo mês. Use um aplicativo, uma planilha ou papel e caneta. Inclua todas as receitas e despesas e certifique-se de alocar dinheiro para economias e metas.

4. Praticar a gratificação atrasada

A disciplina geralmente exige resistir ao desejo de recompensas instantâneas. A gratificação atrasada é a capacidade de renunciar aos prazeres de curto prazo para obter ganhos de longo prazo.

Como praticar a gratificação atrasada:

   Visualize o futuro: Lembre-se de como os sacrifícios de hoje levam ao sucesso de amanhã.

   Estabeleça um período de espera: Antes de fazer compras não essenciais, espere 24 horas ou mais para ver se você ainda quer o produto.

Recompense-se estrategicamente: Comemore os marcos com recompensas planejadas, não com gastos impulsivos.

Sua tarefa:

Identifique uma área em que você possa praticar a gratificação adiada nesta semana. Por exemplo, deixe de jantar fora e, em vez disso, coloque esse dinheiro em sua meta de poupança.

5. Criação de um fundo de emergência

Um fundo de emergência é a base da disciplina financeira. Ele evita que despesas inesperadas atrapalhem seu progresso ou o forcem a contrair dívidas.

Etapas para criar um fundo de emergência:

   Estabeleça uma meta: Tenha como meta o valor de 3 a 6 meses de despesas essenciais.

   Comece com pouco: até mesmo US$ 500 a US$ 1.000 podem fazer uma grande diferença.

   Automatizar a poupança: Configure uma transferência recorrente para uma conta poupança dedicada.

Sua tarefa:

Se você ainda não tem um fundo de emergência, abra uma conta separada para esse fim. Decida com quanto você pode contribuir mensalmente e configure uma transferência automática.

6. Controle de gastos impulsivos

As compras por impulso são uma das maiores ameaças à disciplina financeira. Aprender a controlar esses impulsos o ajudará a se manter no caminho certo.

Dicas para reduzir os gastos por impulso:

   Use somente dinheiro: Ao fazer compras, leve apenas o dinheiro que planeja gastar.

   Cancelar a assinatura: Retire-se de listas de e-mail ou aplicativos que promovem promoções e descontos.

   Pergunte a si mesmo: "Eu preciso disso ou apenas quero isso?"

Sua tarefa:

Da próxima vez que você sentir vontade de fazer uma compra por impulso, faça uma pausa e anote o item e o motivo pelo qual você o deseja. Espere pelo menos 24 horas antes de tomar uma decisão.

7. Automatização de seu plano financeiro

A automação elimina as suposições da disciplina financeira. Ao automatizar a poupança, o pagamento de contas e os investimentos, você reduz o risco de esquecimento ou de gastos excessivos.

Dicas de automação:

   Poupança: Configure um depósito direto ou uma transferência recorrente para sua conta poupança.

Contas: Automatize os pagamentos para evitar taxas de atraso.

Investimentos: Use um aplicativo ou uma corretora para investir um valor fixo todo mês.

Sua tarefa:

Identifique um aspecto de suas finanças para automatizar esta semana, como poupança ou pagamento de contas.

8. Superação de contratempos financeiros

Mesmo com as melhores intenções, a vida acontece. O segredo é aprender com os contratempos e ajustar seu plano sem desistir.

Passos para se recuperar:

Avalie os danos: Quanto o contratempo afetou suas finanças?

Ajuste seu plano: Reveja seu orçamento e suas metas para levar em conta o contratempo.

Mantenha-se positivo: Concentre-se no progresso, não na perfeição.

Sua tarefa:

Pense em um contratempo financeiro do passado. Escreva o que você aprendeu com essa experiência e como pode aplicar essa lição no futuro.

9. Fortalecimento de sua mentalidade financeira

A disciplina financeira tem tanto a ver com a mentalidade quanto com a estratégia. Cultivar uma mentalidade disciplinada o ajuda a manter o compromisso mesmo quando a jornada parece desafiadora.

Dicas de mentalidade:

Comemore o progresso: Reconheça suas vitórias, por menores que sejam.

Mantenha-se informado: Aprenda sobre finanças pessoais por meio de livros, podcasts ou cursos.

Pratique a gratidão: Concentre-se no que você tem, não no que lhe falta.

Sua tarefa:

Todos os dias desta semana, escreva um sucesso financeiro que você obteve, não importa quão pequeno seja. Por exemplo: "Deixei de comprar café hoje e economizei US$ 5".

10. As recompensas da disciplina financeira

Ao praticar consistentemente a disciplina financeira, você terá recompensas que vão muito além dos números em uma conta bancária.

Benefícios a longo prazo:

Liberdade: Menos preocupações financeiras significam mais oportunidades para buscar o que você ama.

Segurança: Um fundo de emergência e uma poupança proporcionam paz de espírito.

Crescimento: Investir seu dinheiro permite que ele trabalhe para você ao longo do tempo.

Confiança: Atingir metas gera autoconfiança e um senso de realização.

Considerações finais

A construção da disciplina financeira é uma jornada, não um destino. Ao definir metas claras, administrar seu dinheiro de forma intencional e manter-se comprometido com seu plano, você criará uma base para o sucesso financeiro duradouro.

No próximo capítulo, exploraremos a inteligência emocional e seu papel na quebra de maus hábitos. Por enquanto, concentre-se em suas vitórias financeiras e siga em frente - seu futuro eu lhe agradecerá!

Capítulo 9: A mentalidade da riqueza

Bem-vindo ao Capítulo 9! Neste capítulo, vamos nos aprofundar no conceito transformador da mentalidade de riqueza. Riqueza não se trata apenas do dinheiro em sua conta bancária - é uma forma de pensar, um conjunto de crenças e uma abordagem disciplinada para criar e manter a prosperidade. O desenvolvimento de uma mentalidade de riqueza muda seu foco da escassez e da gratificação de curto prazo para a abundância e o crescimento de longo prazo.

Neste capítulo, eu o orientarei a reformular crenças limitantes, adotar hábitos que se alinham com o crescimento financeiro e tomar medidas práticas para cultivar uma mentalidade que promova o sucesso financeiro e pessoal.

1. O que é uma mentalidade de riqueza?

Uma mentalidade de riqueza é uma atitude e uma abordagem da vida que se concentra na oportunidade, na abundância e no crescimento. Não se trata de nascer rico ou ter riquezas imediatas - trata-se de pensar e se comportar de forma que naturalmente leve ao sucesso financeiro ao longo do tempo.

Os princípios fundamentais de uma mentalidade de riqueza:

Abundância em vez de escassez: Acreditar que há o suficiente para todos, inclusive para você, elimina a inveja e promove a solução criativa de problemas.

Crescimento em vez de pensamento fixo: Ver os desafios como oportunidades para aprender e crescer, e não como obstáculos intransponíveis.

Foco no longo prazo: Priorizar investimentos, economias e decisões estratégicas em detrimento de prazeres efêmeros.

Assumir o controle: Reconhecer que seu futuro financeiro depende de suas ações, não de circunstâncias externas.

Sua tarefa:

Escreva o que a riqueza significa para você além do dinheiro. É liberdade, segurança, a capacidade de doar generosamente ou outra coisa?

2. Reformulando crenças limitantes sobre dinheiro

As crenças limitantes sobre dinheiro são bloqueios mentais que podem impedi-lo de alcançar o sucesso financeiro. Essas crenças geralmente estão enraizadas em experiências da infância ou em mensagens da sociedade. Para adotar uma mentalidade de riqueza, você deve identificar e reformular esses pensamentos limitantes.

Crenças limitadoras comuns:

"O dinheiro é a raiz de todos os males."

Reformule: "O dinheiro é uma ferramenta que pode criar mudanças positivas em minha vida e na vida dos outros."

"Sou apenas ruim com dinheiro."

Reformular: "Estou aprendendo a administrar melhor minhas finanças a cada dia".

"A riqueza é para pessoas de sorte, não para mim."

Reformular: "A riqueza é construída por meio de esforços consistentes e escolhas inteligentes, e eu sou capaz de fazer as duas coisas."

Sua tarefa:

Escreva uma crença limitante que você tem sobre dinheiro. Em seguida, transforme-a em uma afirmação positiva e fortalecedora.

3. Cultivando hábitos para uma mentalidade de riqueza

Uma mentalidade de riqueza não se trata apenas do que você pensa - trata-se do que você faz de forma consistente. Os hábitos são os blocos de construção do sucesso, e pequenas ações diárias podem levar a um crescimento financeiro significativo ao longo do tempo.

Wealth-Building Habits (Hábitos de construção de riqueza):

   Gratidão diária: Comece ou termine seu dia escrevendo três coisas pelas quais você é grato. A gratidão muda seu foco da falta para a abundância.

   Acompanhe suas finanças: Analise regularmente suas receitas, despesas e economias para manter-se informado e no controle.

   Invista em você mesmo: Dedique tempo e recursos ao crescimento pessoal e profissional, como aprender novas habilidades ou fazer contatos.

   Aprenda sobre dinheiro: Leia livros, ouça podcasts ou faça cursos sobre finanças pessoais e investimentos.

Sua tarefa:

Escolha um novo hábito de construção de riqueza para adotar esta semana. Escreva como você o implementará e se comprometa a praticá-lo diariamente.

4. Mudança de foco de gastos para investimentos

Uma mentalidade de riqueza prioriza o investimento em relação aos gastos. Enquanto os gastos proporcionam satisfação em curto prazo, os investimentos criam riqueza e segurança em longo prazo. Isso não significa apenas investimentos financeiros - inclui investir em suas habilidades, saúde e relacionamentos.

Tipos de investimentos:

Investimentos financeiros: Ações, imóveis, fundos mútuos ou abertura de empresas.

Autodesenvolvimento: Educação, certificações ou treinamento pessoal.

Relacionamentos: Construir conexões significativas que enriqueçam sua vida e abrem portas.

Sua tarefa:

Identifique uma área de sua vida em que você pode mudar o foco de gastos para investimentos. Por exemplo, em vez de comprar roupas novas, invista em um curso on-line para avançar em sua carreira.

5. Praticar a paciência e adiar a gratificação

A mentalidade de riqueza adota a paciência. A construção de riqueza é uma maratona, não uma corrida de velocidade, e a gratificação tardia é essencial para atingir grandes metas financeiras.

Como praticar a gratificação atrasada:

Crie metas visuais: Use quadros de visão ou aplicativos para manter suas metas financeiras em mente.

Comemore os marcos: Recompense-se por atingir marcos de poupança ou de investimento com mimos planejados e modestos.

Lembre-se de seu "porquê": Continue se lembrando do panorama geral - liberdade, segurança ou deixar um legado.

Sua tarefa:

Escreva um sacrifício financeiro de curto prazo que você está disposto a fazer para atingir uma meta de longo prazo. Por exemplo: "Vou reduzir as refeições fora de casa este mês para economizar US$ 300 para meu fundo de emergência."

6. Cercar-se das influências certas

Seu ambiente desempenha um papel significativo na formação de sua mentalidade. Cerque-se de pessoas, recursos e influências que inspirem e apoiem seu crescimento financeiro.

Dicas para um ambiente positivo em termos de riqueza:

Participe de comunidades: Conecte-se com pessoas que pensam da mesma forma em grupos de finanças pessoais ou de investimentos.

Busque mentores: Aprenda com aqueles que obtiveram sucesso financeiro.

Limite as influências negativas: Reduza a exposição a pessoas ou mídia que promovam gastos excessivos ou pensamento de escassez.

Sua tarefa:

Encontre uma nova fonte de inspiração esta semana - um livro, podcast ou comunidade - que se alinhe com a mentalidade de riqueza.

7. O papel da generosidade na mentalidade de riqueza

Riqueza não se trata apenas de acumulação - trata-se de usar seus recursos para causar um impacto positivo. A generosidade promove a abundância ao reforçar que sempre há o suficiente para dar.

Maneiras de praticar a generosidade:

   Tempo: Seja voluntário em causas com as quais você se importa.

   Conhecimento: Compartilhar dicas ou conselhos financeiros com outras pessoas.

   Dinheiro: Doe para instituições de caridade, campanhas de arrecadação de fundos ou para pessoas necessitadas.

Sua tarefa:

Comprometa-se com um ato de generosidade esta semana. Não precisa ser financeiro - tempo ou conhecimento são igualmente valiosos.

8. Medir o progresso e comemorar as vitórias

O desenvolvimento de uma mentalidade de riqueza é um processo contínuo, e é essencial reconhecer seu progresso ao longo do caminho. Comemorar pequenas vitórias o mantém motivado e reforça hábitos positivos.

Dicas para medir o progresso:

   Controle o patrimônio líquido: Analise regularmente seus ativos e passivos.

   Estabeleça marcos: Divida as metas de longo prazo em realizações menores.

Refletir sobre o crescimento: Reserve um tempo para reconhecer o quanto você já avançou.

Sua tarefa:

Analise seu progresso financeiro no último mês. Anote uma área em que você melhorou e uma pequena vitória que possa comemorar.

9. O impacto a longo prazo de uma mentalidade de riqueza

Uma mentalidade de riqueza não transforma apenas suas finanças - transforma sua vida. Ela abre oportunidades, reduz o estresse e permite que você viva com propósito e intenção.

Benefícios de uma mentalidade de riqueza:

Segurança financeira: Uma base estável para as incertezas da vida.

Liberdade de escolha: a capacidade de perseguir suas paixões sem restrições financeiras.

Construção de legado: Criando oportunidades para as gerações futuras.

Considerações finais

Cultivar uma mentalidade de riqueza é uma das mudanças mais poderosas que você pode fazer em sua vida. Ao reformular suas crenças, adotar hábitos de construção de riqueza e concentrar-se no crescimento a longo prazo, você não apenas alcançará o sucesso financeiro, mas também criará uma vida de abundância e propósito.

No próximo capítulo, exploraremos a inteligência emocional - como o domínio de suas emoções pode ajudá-lo a romper maus hábitos, construir melhores relacionamentos e obter mais sucesso em todas as áreas da vida. Continue com o excelente trabalho - você está a caminho de um futuro mais rico e gratificante!

Capítulo 10: Entendendo a inteligência emocional (EQ)

Bem-vindo ao Capítulo 10, no qual nos concentramos na inteligência emocional (QE), uma habilidade essencial para o crescimento e o sucesso pessoal. A QE é geralmente descrita como a capacidade de reconhecer, compreender e gerenciar suas emoções e, ao mesmo tempo, compreender e influenciar as emoções dos outros. Enquanto o QI mede a inteligência cognitiva, o QE determina o quão bem você se relaciona, lida com o estresse e toma decisões - fatores essenciais para reverter maus hábitos e construir uma vida mais intencional.

Neste capítulo, eu o ajudarei a entender os componentes do QE, como avaliar sua inteligência emocional atual e maneiras práticas de melhorá-la.

1. O que é inteligência emocional (EQ)?

A inteligência emocional é a base para a comunicação eficaz, a tomada de decisões e a resiliência. Pessoas com alto QE tendem a gerenciar melhor suas vidas, seja nos relacionamentos, no trabalho ou nos hábitos pessoais.

Os cinco componentes principais do QE:

   Autoconhecimento: Reconhecer suas emoções e entender como elas afetam seus pensamentos e comportamento.

   Autorregulação: Controle de sentimentos e comportamentos impulsivos, manutenção da calma e adaptação a circunstâncias variáveis.

   Motivação: Manter-se motivado para atingir as metas, apesar dos contratempos.

Empatia: Compreender e compartilhar os sentimentos dos outros, promovendo a conexão e a compaixão.

Habilidades sociais: Construir relacionamentos saudáveis, resolver conflitos e influenciar os outros de forma eficaz.

Sua tarefa:

Reflita sobre uma reação emocional recente que você teve. Escreva a situação, seus sentimentos e como isso influenciou seu comportamento. Identifique qual componente do QE estava em jogo.

2. Por que o QE é importante na reversão de maus hábitos

O seu estado emocional muitas vezes orienta seus hábitos - seja comer por estresse, procrastinar ou evitar conversas difíceis. Ao melhorar seu QE, você adquire as ferramentas para reconhecer os gatilhos emocionais e responder de forma ponderada em vez de reativa.

Exemplos de EQ em ação:

Autoconsciência: Identificar que o tédio o leva a comer sem pensar.

Autorregulação: Resistir ao impulso de fazer uma compra emocional após um dia estressante.

Empatia: Compreender os sentimentos de seu parceiro, levando a uma comunicação mais saudável em vez de conflitos.

Sua tarefa:

Identifique um hábito que você deseja eliminar. Pergunte a si mesmo: "Que emoções normalmente impulsionam esse comportamento?" Anote seus pensamentos.

3. Avaliação de sua inteligência emocional

Para melhorar seu QE, primeiro você precisa entender sua situação atual. A avaliação de seus pontos fortes e fracos em cada componente fornecerá um roteiro para o crescimento.

Perguntas de autoavaliação:

Autoconhecimento: Até que ponto eu entendo minhas emoções? Posso nomeá-las com precisão?

Autocontrole: Com que frequência ajo impulsivamente? Consigo manter a calma sob pressão?

Motivação: Estabeleço e alcanço metas significativas?

Empatia: Com que frequência considero os sentimentos das outras pessoas antes de agir?

Habilidades sociais: Eu me comunico de maneira eficaz e resolvo conflitos de forma construtiva?

Sua tarefa:

Classifique-se em uma escala de 1 a 10 para cada componente do QE. Destaque as áreas em que você gostaria de melhorar.

4. Desenvolvimento da autoconsciência

A autoconsciência é a pedra angular da inteligência emocional. Quando você está ciente de suas emoções, pode entender o impacto delas e assumir o controle de suas ações.

Como desenvolver a autoconsciência:

Mantenha um diário: Anote suas emoções diariamente e as situações que as desencadearam.

Faça uma pausa e reflita: Quando você sentir uma emoção forte, pare um momento para identificá-la antes de reagir.

Busque feedback: Pergunte a amigos ou colegas de confiança como eles percebem suas respostas emocionais.

Sua tarefa:

Passe uma semana registrando suas emoções em um diário. Observe os padrões - existem gatilhos específicos que levam à frustração, tristeza ou alegria?

5. Domínio da autorregulação

A autorregulação envolve o gerenciamento eficaz de suas emoções, para que elas não ditem suas ações. É a capacidade de fazer uma pausa, refletir e escolher sua resposta intencionalmente.

Techniques for Better Self-Regulation (Técnicas para melhor autorregulação):

Exercícios de respiração: Pratique a respiração profunda para se acalmar durante situações estressantes.

Reformule os pensamentos negativos: Substitua "Eu nunca terei sucesso" por "Estou aprendendo e melhorando".

Estabeleça limites: Evite ambientes ou situações que gerem gatilhos emocionais.

Sua tarefa:

Identifique uma situação em que você tende a reagir impulsivamente. Planeje uma estratégia específica para regular suas emoções na próxima vez que ela ocorrer.

6. Criando empatia

A empatia fortalece os relacionamentos, ajudando-o a entender e a se conectar com os outros. Ela permite que você veja as situações pela perspectiva delas e reaja com compaixão.

Como criar empatia:

Escuta ativa: Concentre-se totalmente no que a outra pessoa está dizendo sem interromper ou planejar sua resposta.

Faça perguntas: Procure entender, não julgar. Por exemplo: "O que tem sido um desafio para você ultimamente?"

Pratique a tomada de perspectiva: Imagine-se na situação da outra pessoa.

Sua tarefa:

Tenha uma conversa esta semana em que você se concentre inteiramente em ouvir e entender a perspectiva da outra pessoa. Reflita sobre como você se sentiu nessa conversa.

7. Aumento da motivação

A motivação é o que faz você seguir em frente, mesmo quando surgem desafios. As pessoas de alto QE permanecem motivadas ao alinharem suas ações com seus valores e metas.

Dicas para aumentar a motivação:

Defina metas claras: Certifique-se de que suas metas sejam específicas, mensuráveis, alcançáveis, relevantes e com prazo determinado (SMART).

Visualize o sucesso: Imagine regularmente como será a aparência e a sensação de atingir sua meta.

Acompanhe o progresso: Comemore as pequenas vitórias para manter o ímpeto.

Sua tarefa:

Escreva uma meta de longo prazo e três medidas de curto prazo que você tomará nesta semana para alcançá-la.

8. Aprimoramento das habilidades sociais

Habilidades sociais sólidas são essenciais para construir relacionamentos saudáveis e resolver conflitos. Elas permitem que você se comunique com eficiência e promova a colaboração.

Como melhorar as habilidades sociais:

Pratique a comunicação clara: Use declarações do tipo "eu" para expressar sentimentos e necessidades sem culpar os outros.

Aprenda a resolver conflitos: Concentre-se nas soluções em vez de ficar remoendo os problemas.

Demonstrar apreciação: Reconhecer as contribuições dos outros e expressar gratidão.

Sua tarefa:

Identifique um relacionamento em que a comunicação poderia melhorar. Pratique uma nova habilidade, como ouvir ativamente ou expressar apreciação, em sua próxima interação.

9. Os benefícios de um QE elevado

Ao fortalecer sua inteligência emocional, você perceberá mudanças positivas em todas as áreas de sua vida:

Relacionamentos mais fortes: O aprimoramento da comunicação e da empatia leva a conexões mais profundas.

Melhor tomada de decisões: As emoções não mais atrapalham seu julgamento.

Resiliência: Você se recuperará de contratempos com confiança.

Hábitos mais saudáveis: Você lidará com os gatilhos de forma mais eficaz, reduzindo a dependência de mecanismos de enfrentamento prejudiciais à saúde.

Sua tarefa:

Reflita sobre como o aprimoramento de seu QE poderia impactar positivamente sua vida. Anote uma área específica em que você gostaria de crescer.

Considerações finais

Compreender e aprimorar sua inteligência emocional é um dos investimentos mais valiosos que você pode fazer em si mesmo. O QE não o ajuda apenas a gerenciar suas emoções - ele o capacita a enfrentar desafios, construir relacionamentos significativos e criar mudanças duradouras em sua vida.

No próximo capítulo, reuniremos tudo isso explorando como essas estratégias de inteligência emocional, disciplina financeira e quebra de hábitos podem criar uma transformação holística. Você está fazendo um trabalho incrível - continue assim!

Capítulo 11: Substituindo a reatividade pela resposta

Bem-vindo ao Capítulo 11! Neste capítulo, abordaremos uma habilidade que pode melhorar drasticamente seus relacionamentos, a tomada de decisões e a satisfação geral com a vida: substituir a reatividade por uma resposta ponderada. A reatividade é uma reação reflexiva e emocional a um estímulo, geralmente enraizada no hábito ou no estresse. Em contraste, uma resposta é uma ação deliberada e intencional tomada após uma consideração cuidadosa.

Quebrar o ciclo de reatividade permite que você recupere o controle sobre suas ações, melhore suas interações com os outros e cultive hábitos alinhados com suas metas de longo prazo. Vamos nos aprofundar em como você pode desenvolver essa habilidade essencial.

1. A diferença entre reatividade e resposta

A reatividade geralmente decorre de gatilhos emocionais, estresse ou hábitos arraigados. Ela é impulsiva e frequentemente leva ao arrependimento ou à perda de oportunidades. As respostas, por outro lado, são baseadas na consciência e na intenção.

Características de reatividade:

   Ações rápidas e instintivas.

   Movido por emoções fortes (raiva, medo, frustração).

   Geralmente aumenta o conflito ou piora as situações.

   Deixa pouco espaço para o pensamento crítico ou a criatividade.

Características da resposta:

Ações ponderadas e deliberadas.

Com base na autoconsciência e na regulação emocional.

Concentra-se na solução de problemas e em resultados positivos.

Fortalece os relacionamentos e gera confiança.

Sua tarefa:

Pense em uma situação recente em que você reagiu impulsivamente. Escreva o que aconteceu, como você se sentiu e o resultado. Em seguida, imagine como a situação poderia ter se desenrolado se você tivesse reagido de outra forma.

2. Reconhecer os gatilhos emocionais

A primeira etapa para substituir a reatividade pela resposta é identificar o que o desencadeia. Os gatilhos emocionais são estímulos que provocam reações fortes, muitas vezes automáticas.

Gatilhos comuns:

Gatilhos externos: Críticas, rejeição, ambientes estressantes.

Gatilhos internos: Dúvida sobre si mesmo, medo de fracassar, experiências passadas.

Como identificar seus gatilhos:

Registre suas reações em um diário: Mantenha um registro dos momentos em que se sentir reagindo impulsivamente. Anote o que o desencadeou e como você se sentiu.

Reflita sobre os padrões: Procure temas recorrentes em suas reações.

Preste atenção aos sinais físicos: Observe as sensações corporais, como coração acelerado, punhos cerrados ou peito apertado - elas geralmente sinalizam ativação emocional.

Sua tarefa:

Identifique um gatilho emocional e descreva como ele normalmente afeta seu comportamento. Reflita sobre por que esse gatilho o afeta e quais emoções subjacentes ele traz à tona.

3. Praticando a pausa

A pausa é sua ferramenta mais poderosa para passar da reação para a resposta. Ela cria espaço para a conscientização e a ação intencional.

Como praticar a pausa:

Respire fundo: Em momentos de intensidade emocional, faça três respirações lentas e profundas para acalmar seu sistema nervoso.

Identifique sua emoção: Dê um nome ao que está sentindo (por exemplo, "sinto-me frustrado") para aumentar a autoconsciência.

Faça uma pergunta: Antes de agir, pergunte a si mesmo: "O que eu quero alcançar nessa situação?"

Sua tarefa:

Na próxima vez que você se sentir prestes a reagir, pratique a pausa. Anote o que você fez e como isso influenciou o resultado.

4. Reformulação de pensamentos negativos

A reatividade geralmente é alimentada por padrões de pensamento negativos ou distorcidos. Aprender a reformular esses pensamentos pode ajudá-lo a mudar sua perspectiva e reagir de forma mais eficaz.

Padrões comuns de pensamentos negativos:

Catastrofização: Esperar o pior resultado possível.

Reformule: "Qual é o resultado mais provável e como posso me preparar?"

Personalização: Presumir que as ações dos outros têm a ver com você.

Reformule: "Isso não tem a ver comigo - isso reflete o estado de espírito deles".

Pensamento em preto e branco: Ver as situações como sendo todas boas ou todas ruins.

Reformular: "Existem tons de cinza - qual é o meio termo?"

Sua tarefa:

Escreva um pensamento negativo recente e o reenquadre em uma perspectiva construtiva ou neutra.

5. Desenvolvimento da resiliência emocional

A resiliência emocional ajuda você a manter a calma e a compostura diante dos desafios, reduzindo a probabilidade de comportamento reativo.

Estratégias para desenvolver a resiliência:

Pratique a atenção plena: A meditação regular ou os exercícios de atenção plena aumentam sua consciência dos pensamentos e das emoções.

Desenvolva estratégias de enfrentamento: Tenha técnicas para processar as emoções de forma construtiva, como escrever em um diário, fazer exercícios ou conversar com um amigo.

Cultive o otimismo: Concentre-se nas soluções em vez de ficar remoendo os problemas.

Sua tarefa:

Incorpore uma atividade de desenvolvimento de resiliência em sua rotina diária esta semana. Por exemplo, comece cada dia com um exercício de 5 minutos de atenção plena.

6. Comunicação ponderada

A reatividade pode prejudicar os relacionamentos, enquanto a comunicação cuidadosa promove a compreensão e a conexão. Aprender a se expressar de forma clara e respeitosa é uma parte fundamental de responder em vez de reagir.

Dicas para uma comunicação ponderada:

Use afirmações do tipo "eu": Concentre-se em seus sentimentos e necessidades (por exemplo, "Eu me sinto magoado quando...").

Ouça ativamente: Preste atenção total à outra pessoa sem planejar sua resposta enquanto ela fala.

Concentre-se nas soluções: Em vez de atribuir culpa, trabalhe de forma colaborativa para resolver o problema.

Sua tarefa:

Na próxima vez que tiver uma conversa difícil, pratique o uso de afirmações do tipo "eu" e a escuta ativa. Reflita sobre como isso influenciou a interação.

7. Praticar a autocompaixão

A reatividade geralmente se origina da autocrítica ou de sentimentos de inadequação. Praticar a autocompaixão ajuda você a se tratar com bondade e paciência, facilitando a reação construtiva.

Como praticar a autocompaixão:

Reconheça sua humanidade: Lembre-se de que todos cometem erros e enfrentam desafios.

Desafie a autocrítica: Substitua os julgamentos severos por pensamentos de apoio.

Cuide de si mesmo: Priorize atividades que nutram seu corpo e sua mente.

Sua tarefa:

Escreva um erro recente que você cometeu. Em vez de se criticar, escreva uma mensagem gentil e compreensiva para si mesmo, como se estivesse conversando com um amigo.

8. Substituição de hábitos de reatividade

Quebrar o hábito da reatividade requer consistência e prática intencional. Quanto mais você escolher respostas ponderadas, mais natural isso se tornará.

Etapas para substituir a reatividade:

   Identificar padrões reativos: Observe situações específicas em que você costuma reagir impulsivamente.

   Criar novos roteiros: Desenvolva respostas intencionais aos gatilhos comuns.

   Pratique regularmente: Use situações de baixo risco para ensaiar respostas ponderadas.

Sua tarefa:

Escolha um hábito reativo que você queira mudar. Escreva um novo roteiro ou resposta que você usará na próxima vez que a situação surgir.

9. Os benefícios a longo prazo das respostas ponderadas

Ao substituir a reatividade pela resposta, você perceberá melhorias em muitas áreas de sua vida:

   Relacionamentos mais fortes: As pessoas confiarão e respeitarão sua abordagem ponderada.

   Melhores decisões: Ações ponderadas levam a resultados mais eficazes.

   Redução do estresse: Você se sentirá mais no controle de suas emoções e comportamentos.

Aumento da autoestima: Responder de forma ponderada reforça o senso de capacitação pessoal.

Considerações finais

Aprender a substituir a reatividade pela resposta é uma habilidade transformadora que lhe servirá por toda a vida. Ao praticar a autoconsciência, criar resiliência e desenvolver uma comunicação ponderada, você assumirá o controle de suas ações e criará resultados mais positivos em todas as áreas de sua vida.

No próximo capítulo, exploraremos como sustentar essas mudanças e integrar todas as lições deste livro em um plano abrangente para o sucesso a longo prazo. Continue com o excelente trabalho - você está dominando a arte da vida intencional!

Capítulo 12: Fortalecimento dos relacionamentos por meio da inteligência emocional (EQ)

Neste capítulo, exploraremos como a inteligência emocional (QE) pode transformar seus relacionamentos, sejam eles com a família, amigos, colegas ou parceiros românticos. Os relacionamentos prosperam quando são construídos com base na confiança, empatia e comunicação eficaz - habilidades essenciais que o QE ajuda você a dominar. Fortalecer seus relacionamentos não significa apenas evitar conflitos, mas também criar conexões mais profundas que enriquecem sua vida e apoiam seu crescimento pessoal.

Vamos nos aprofundar em estratégias práticas para usar o QE para nutrir e manter relacionamentos significativos.

1. O papel do QE nos relacionamentos

A inteligência emocional estabelece a base para relacionamentos sólidos. Quando você entende suas emoções e as dos outros, pode enfrentar os desafios com compaixão e clareza.

Por que o EQ é importante:

   Autoconhecimento: Ajuda você a entender suas necessidades emocionais e a comunicá-las de forma eficaz.

   Empatia: permite que você veja as coisas do ponto de vista de outra pessoa, promovendo a compreensão mútua.

   Autocontrole: Permite que você permaneça calmo e construtivo durante os conflitos.

   Habilidades sociais: Melhora sua capacidade de criar relacionamento, resolver disputas e manter limites saudáveis.

Sua tarefa:

Pense em um relacionamento que você deseja melhorar. Escreva como os cinco componentes do QE poderiam ajudar nessa dinâmica específica.

2. Cultivar a consciência emocional nos relacionamentos

A autoconsciência é o ponto de partida para fortalecer os relacionamentos. Compreender seus padrões emocionais permite que você interaja com os outros de forma mais autêntica e eficaz.

Como cultivar a consciência emocional:

Faça um check-in com você mesmo: Antes de se envolver em uma conversa difícil, reserve um momento para identificar suas emoções e motivações.

Monitore os padrões emocionais: Observe como determinadas pessoas ou situações fazem você se sentir de forma consistente.

Compartilhe seus sentimentos de forma construtiva: Use afirmações do tipo "eu" para expressar emoções sem atribuir culpa (por exemplo, "Eu me sinto sobrecarregado quando os planos mudam repentinamente").

Sua tarefa:

Durante uma semana, monitore suas respostas emocionais durante as interações com outras pessoas. Identifique um caso em que uma maior autoconsciência poderia ter melhorado o resultado.

3. Desenvolvimento de empatia para conexões mais profundas

A empatia é a ponte para a compreensão das perspectivas e dos sentimentos dos outros. Quando as pessoas se sentem compreendidas, é mais provável que confiem em você e se conectem com você.

Como praticar a empatia:

Ouça ativamente: Preste total atenção à outra pessoa, concentrando-se em suas palavras, tom e linguagem corporal.

Valide os sentimentos: Reconheça as emoções dizendo coisas como: "Isso parece muito frustrante".

Faça perguntas abertas: Incentive o compartilhamento mais profundo com perguntas como: "Como você se sentiu com isso?"

Sua tarefa:

Escolha uma pessoa em sua vida com quem gostaria de se conectar mais profundamente. Pratique a escuta ativa em sua próxima conversa e reflita sobre como isso mudou a interação.

4. Gerenciando conflitos com inteligência emocional

O conflito é inevitável em qualquer relacionamento, mas a forma como você lida com ele determina se ele fortalece ou enfraquece o vínculo. O QE ajuda você a abordar os conflitos com foco na resolução e não na culpa.

Etapas para resolver conflitos usando o QE:

Mantenha a calma: Pratique a autorregulação fazendo uma pausa para respirar ou se afastando temporariamente se as emoções estiverem em alta.

Concentre-se no problema, não na pessoa: Evite ataques pessoais e concentre-se na solução do problema.

Busque soluções em que todos saiam ganhando: Sempre que possível, busque resultados que atendam às necessidades de ambas as partes.

Pedir desculpas e perdoar: Reconheça seus erros e deixe de lado os ressentimentos para reconstruir a confiança.

Sua tarefa:

Pense em um conflito recente. Escreva como você poderia ter aplicado essas etapas para lidar com ele de forma mais construtiva.

5. Fortalecimento das habilidades de comunicação

A comunicação eficaz é a espinha dorsal dos relacionamentos saudáveis. O QE o capacita com as ferramentas para se expressar com clareza e, ao mesmo tempo, compreender os outros.

Dicas para uma comunicação eficaz:

Pratique a transparência: Compartilhe seus pensamentos e sentimentos com honestidade, mas com respeito.

Use sinais não verbais: Mantenha a linguagem corporal aberta e o contato visual para mostrar que está envolvido.

Evite suposições: Esclareça os mal-entendidos em vez de tirar conclusões precipitadas.

O momento é importante: Escolha o momento certo para discutir tópicos delicados quando ambas as partes estiverem calmas e receptivas.

Sua tarefa:

Identifique um problema de comunicação recorrente em um relacionamento importante. Planeje e pratique como abordá-lo usando estas dicas.

6. Definição e respeito aos limites

Limites saudáveis protegem os relacionamentos, garantindo respeito e compreensão mútuos. Eles o ajudam a gerenciar sua energia e seu bem-estar emocional e, ao mesmo tempo, promovem a confiança.

Como estabelecer limites:

   Defina seus limites: Seja claro sobre o que lhe agrada e o que ultrapassa os limites.

   Comunique-se com firmeza, mas com gentileza: use frases como: "Preciso de um tempo de silêncio para recarregar as baterias à noite".

   Respeitar os limites dos outros: Ouça e respeite o que eles expressam como seus limites.

Sua tarefa:

Escreva um limite que gostaria de estabelecer em um relacionamento. Pratique como você o comunicará de forma respeitosa e assertiva.

7. Criação de confiança por meio da consistência

A confiança é conquistada por meio de ações consistentes que demonstram confiabilidade e cuidado. Ela é a base de qualquer relacionamento sólido.

Como criar confiança:

   Cumprir os compromissos: Faça o que você diz que vai fazer.

Seja honesto: mesmo quando a verdade é difícil, a honestidade promove o respeito.

Seja solidário: Ofereça incentivo e assistência sem ser solicitado.

Sua tarefa:

Identifique uma maneira de demonstrar maior consistência em um relacionamento. Faça um plano para colocar isso em prática nesta semana.

8. Reconhecer e reparar danos no relacionamento

Nenhum relacionamento é perfeito e erros acontecem. O segredo é resolver os problemas prontamente e reparar qualquer dano causado.

Etapas para reparar os danos:

Reconhecer o problema: Assuma a responsabilidade por sua participação no problema.

Ofereça um pedido de desculpas genuíno: Expresse remorso sem justificar suas ações.

Faça as pazes: Pergunte o que você pode fazer para reconstruir a confiança e seguir em frente.

Sua tarefa:

Pense em um relacionamento que tenha sido prejudicado. Escreva uma carta de desculpas, mesmo que não a envie, para praticar a expressão de remorso genuíno e delinear as etapas de reparo.

9. Os benefícios do QE nos relacionamentos

Ao fortalecer seus relacionamentos por meio do QE, você experimentará:

Conexões mais profundas: A empatia e a compreensão promovem vínculos significativos.

Redução do estresse: Relacionamentos saudáveis oferecem apoio emocional em momentos difíceis.

Melhoria na resolução de conflitos: As divergências são resolvidas de forma construtiva, reduzindo a tensão.

Crescimento mútuo: Relacionamentos sólidos inspiram e apoiam o crescimento pessoal e compartilhado.

Sua tarefa:

Reflita sobre um relacionamento que tenha melhorado devido ao aumento de seu QE. Escreva o que você fez de diferente e como isso afetou a dinâmica.

Considerações finais

O fortalecimento dos relacionamentos por meio da inteligência emocional é um dos aspectos mais gratificantes do crescimento pessoal. Praticando a empatia, melhorando a comunicação e gerenciando conflitos de forma ponderada, você pode criar conexões que enriquecem sua vida e apoiam sua jornada para reverter maus hábitos.

No próximo capítulo, exploraremos como manter todo o progresso que você fez e garantir que essas mudanças se tornem parte duradoura de seu estilo de vida. Continue - você está construindo uma vida repleta de relacionamentos significativos e gratificantes!

Capítulo 13: Empilhamento de hábitos para o sucesso

Bem-vindo ao Capítulo 13! Neste capítulo, exploraremos uma das técnicas mais eficazes para criar mudanças duradouras: o empilhamento de hábitos. O empilhamento de hábitos é uma estratégia que envolve a criação de novos hábitos vinculando-os aos já existentes. Em vez de tentar reformular sua vida de uma só vez, você anexa pequenas etapas acionáveis às rotinas que já executa diariamente.

Esse método aproveita o poder do impulso e da consistência, facilitando a integração de hábitos positivos em sua vida. Ao final deste capítulo, você saberá como criar e implementar pilhas de hábitos para apoiar suas metas de saúde, riqueza e inteligência emocional.

1. O que é empilhamento de hábitos?

O empilhamento de hábitos foi popularizado por James Clear no livro Atomic Habits (Hábitos atômicos) e está fundamentado na ciência da psicologia comportamental. A premissa é simples: você ancora um novo hábito a um já existente, criando uma cadeia de comportamentos que fluem naturalmente juntos.

Por que funciona:

    Aproveita as rotinas existentes: Você não está começando do zero.

    Reduz a fadiga das decisões: Você automatiza o processo de criação de hábitos.

    Cria impulso: Pequenas vitórias se transformam em grandes resultados ao longo do tempo.

Exemplo:

Hábito existente: escovar os dentes pela manhã.

Novo hábito: Praticar a gratidão, listando uma coisa pela qual você é grato durante ou imediatamente após a escovação.

Sua tarefa:

Pense em um hábito que você já pratica diariamente. Pense em um hábito simples e benéfico que você poderia associar a ele.

2. Projetando suas pilhas de hábitos

O sucesso do empilhamento de hábitos está no planejamento cuidadoso. Veja a seguir como criar pilhas de hábitos eficazes:

Etapa 1: Identificar hábitos-âncora

Comece listando os hábitos que você já pratica de forma consistente, como:

- Fazer café.
- Tomar banho.
- Trancar a porta ao sair de casa.
- Verificar seu e-mail.

Etapa 2: Escolha novos hábitos simples

Escolha hábitos pequenos e viáveis que estejam alinhados com suas metas. Os exemplos incluem:

- Beber um copo de água ao acordar (saúde).
- Revisar seu orçamento após o almoço (riqueza).

Respirar fundo três vezes antes de responder a e-mails (regulação emocional).

Etapa 3: Escreva uma fórmula de pilha de hábitos

Use este formato: "Depois de [hábito existente], eu vou [novo hábito]."

Exemplo: "Depois de preparar meu café da manhã, analisarei minha lista de tarefas diárias."

Etapa 4: Teste e ajuste

Comece aos poucos e refine sua pilha com base no que funciona para você.

Sua tarefa:

Escreva uma fórmula completa de pilha de hábitos para experimentar esta semana.

3. Empilhamento de hábitos para a saúde

Criar um estilo de vida mais saudável não precisa ser uma tarefa árdua. Use o empilhamento de hábitos para melhorar sua alimentação, exercícios e rotinas de autocuidado.

Exemplos:

Nutrição: Depois de terminar uma refeição, registrarei o que comi em um diário alimentar.

Exercício: Depois de escovar os dentes à noite, farei 10 flexões.

Autocuidado: Depois de me sentar para o café da manhã, meditarei por 2 minutos.

Sua tarefa:

Escolha uma meta relacionada à saúde. Escreva uma pilha de hábitos que a apóie e comprometa-se a praticá-la diariamente na próxima semana.

4. Acumulação de hábitos para obter riqueza

A construção de disciplina financeira e riqueza requer consistência. O empilhamento de hábitos pode ajudá-lo a estabelecer rotinas que promovam a poupança, o orçamento e a tomada de decisões informadas.

Exemplos:

   Orçamento: Depois de verificar meu e-mail, analisarei o saldo de minha conta bancária.

   Economizando dinheiro: Após receber meu salário, transferirei 10% para minha conta poupança.

   Aprendizado: Depois de terminar o jantar, lerei um artigo sobre finanças pessoais.

Sua tarefa:

Identifique um hábito financeiro que você gostaria de desenvolver. Crie uma pilha de hábitos que o ancore em uma rotina diária existente.

5. Empilhamento de hábitos para inteligência emocional

O aprimoramento da inteligência emocional envolve práticas como atenção plena, empatia e comunicação eficaz. O empilhamento de hábitos pode ajudá-lo a incorporar essas práticas sem problemas em seu dia.

Exemplos:

Atenção plena: Depois de ligar o carro, faço três respirações profundas antes de dirigir.

Empatia: Depois de terminar uma conversa, refletirei sobre o que a outra pessoa pode estar sentindo.

Gratidão: Depois de abrir meu diário, escreverei uma coisa pela qual sou grato.

Sua tarefa:

Escolha um aspecto da inteligência emocional que deseja fortalecer. Escreva uma pilha de hábitos que incentive a prática regular.

6. Solução de problemas de desafios comuns

Mesmo com as melhores intenções, o acúmulo de hábitos pode encontrar obstáculos. Veja a seguir como superá-los:

Desafio 1: Esquecer o novo hábito

Solução: Use lembretes visuais, como notas adesivas ou alarmes de telefone, para avisá-lo até que o hábito se torne automático.

Desafio 2: sobrecarga de sua rotina

Solução: Comece com uma pequena pilha de hábitos de cada vez. Desenvolva gradualmente para evitar a sobrecarga.

Desafio 3: Perder a motivação

Solução: Comemore as pequenas vitórias e lembre-se da meta maior que seus hábitos estão apoiando.

Sua tarefa:

Se você já tentou o empilhamento de hábitos antes e teve dificuldades, identifique o desafio que enfrentou e escreva um plano para resolvê-lo.

7. Dimensionamento de suas pilhas de hábitos

Depois de dominar algumas pilhas pequenas, você pode expandi-las para rotinas maiores. Por exemplo:

Rotina matinal:

Depois de acordar, bebo um copo de água.

Depois de beber água, escrevo minhas três principais metas para o dia.

Depois de escrever minhas metas, passarei 5 minutos me alongando.

Rotina noturna:

Depois de escovar os dentes, analisarei minhas realizações do dia.

Depois de analisar minhas realizações, prepararei minha roupa para o dia seguinte.

Depois de preparar minha roupa, lerei 10 páginas de um livro.

Sua tarefa:

Crie uma rotina matinal ou noturna simples usando o empilhamento de hábitos. Comece com 2 a 3 hábitos e aumente gradualmente.

8. Os benefícios a longo prazo da acumulação de hábitos

O empilhamento de hábitos ajuda você a criar uma vida em que o sucesso se torna automático. Ao associar hábitos positivos às rotinas existentes, você

Economize tempo: Reduza a tomada de decisões criando rotinas estruturadas.

Seja consistente: Pequenas ações diárias levam a grandes resultados a longo prazo.

Atingir metas: Alinhe seus hábitos com seus objetivos de saúde, riqueza e crescimento pessoal.

Considerações finais

O empilhamento de hábitos é mais do que apenas um hack de produtividade - é uma estrutura para uma vida intencional. Ao ancorar novos hábitos às rotinas existentes, você pode criar um efeito cascata de mudanças positivas em todas as áreas de sua vida.

No próximo capítulo, reuniremos tudo e discutiremos como manter o progresso que você fez, garantindo que os hábitos que você criou levem a uma transformação duradoura. Você está quase lá - continue!

Capítulo 14: O papel da responsabilidade

A responsabilidade é a força invisível que pode fazer ou destruir seu sucesso. Não se trata apenas de verificar as tarefas - trata-se de promover o comprometimento, desenvolver a resiliência e criar uma estrutura de apoio que o mantenha avançando, mesmo quando a motivação diminui.

Neste capítulo, exploraremos como funciona a responsabilidade, por que ela é essencial para reverter maus hábitos e como você pode incorporá-la à sua jornada. Ao final, você terá as ferramentas para criar sistemas de responsabilidade que o capacitarão a permanecer no caminho certo e atingir suas metas.

1. O que é responsabilidade?

Em sua essência, a responsabilidade é a prática de assumir a responsabilidade por suas ações e seu progresso. Envolve o reconhecimento de sucessos e retrocessos, ao mesmo tempo em que se esforça para melhorar continuamente.

Principais aspectos da responsabilidade:

   Responsabilidade: Assumir suas decisões e os resultados delas.

   Transparência: Ser honesto sobre seus esforços e desafios.

   Suporte: Aproveitamento de relacionamentos e sistemas para mantê-lo alinhado com suas metas.

Sua tarefa:

Reflita sobre uma ocasião em que você teve sucesso porque alguém ou alguma coisa o responsabilizou. Anote o que funcionou e como isso o motivou.

2. Por que a responsabilidade é importante

Sem responsabilidade, é fácil deixar que desculpas, distrações ou falta de disciplina atrapalhem seu progresso. Veja por que a responsabilidade é fundamental:

Aumenta o comprometimento: É mais provável que você cumpra suas metas quando outra pessoa está ciente delas.

Fornece perspectiva: Outras pessoas podem ajudá-lo a enxergar pontos cegos e áreas a serem melhoradas.

Cria consistência: Os check-ins regulares criam um impulso, transformando intenções em hábitos.

Incentiva a resiliência: Os parceiros ou sistemas de prestação de contas podem motivá-lo a seguir em frente nos momentos difíceis.

Sua tarefa:

Escreva uma área em que a falta de responsabilidade tenha prejudicado seu progresso. Identifique como ter um sistema de responsabilidade poderia ter ajudado.

3. Tipos de sistemas de prestação de contas

A responsabilidade pode se apresentar de várias formas. Escolha a(s) que funciona(m) melhor para sua personalidade e seus objetivos:

a. Auto-responsabilidade:

Acompanhar seu próprio progresso por meio de ferramentas como diários, rastreadores de hábitos ou aplicativos.

   Exemplo: Use uma agenda diária para registrar hábitos ou tarefas concluídas.

   Dica: Reflita semanalmente sobre o que deu certo e o que precisa ser ajustado.

b. Responsabilidade dos colegas:

Estabelecer parceria com um amigo, colega ou membro da família para compartilhar metas e progresso.

   Exemplo: Comprometa-se a conversar semanalmente com um amigo sobre suas metas de condicionamento físico.

   Dica: Escolha alguém confiável e encorajador.

c. Responsabilidade do grupo:

Participar de um grupo com objetivos compartilhados, como uma aula de condicionamento físico ou um grupo de mentores.

   Exemplo: Participe de um fórum on-line onde os membros compartilham o progresso e os desafios.

   Dica: Seja um participante ativo para obter o máximo do grupo.

d. Responsabilidade profissional:

Contratar um coach, mentor ou terapeuta para orientá-lo e apoiá-lo.

Exemplo: Trabalhe com um consultor financeiro para criar e manter um orçamento.

Dica: Certifique-se de que o profissional esteja alinhado com seus valores e metas.

Sua tarefa:

Identifique o tipo de responsabilidade que mais combina com você. Escreva uma maneira de incorporá-lo em sua vida esta semana.

4. Como criar responsabilidade em sua vida diária

Para que a prestação de contas seja eficaz, é preciso integrá-la às suas rotinas. Veja como:

a. Definir metas claras:

A responsabilidade começa com o conhecimento do que você está buscando. Defina suas metas com resultados específicos e mensuráveis.

Exemplo: Em vez de "Quero economizar dinheiro", diga: "Economizarei US$ 100 por semana nos próximos três meses".

b. Criar pontos de controle:

Divida sua meta em marcos menores e agende verificações regulares.

Exemplo: Analise seus gastos todos os domingos para garantir que está dentro do orçamento.

c. Usar ferramentas de responsabilidade:

Aproveite a tecnologia para se manter no caminho certo. Aplicativos, lembretes e rastreadores digitais podem ajudar.

Exemplo: Use um aplicativo de condicionamento físico para registrar os exercícios e monitorar o progresso.

d. Comemore as vitórias:

Reconheça e recompense o progresso para manter-se motivado.

Exemplo: Presenteie-se com algo agradável quando atingir um marco importante.

Sua tarefa:

Escolha uma meta e escreva três pontos de controle para medir seu progresso. Decida como você se recompensará por atingir cada um deles.

5. Responsabilidade na saúde

Para reverter hábitos prejudiciais à saúde, a responsabilidade é inestimável. Ela pode mantê-lo motivado e evitar retrocessos.

Estratégias para a responsabilidade pela saúde:

Acompanhe seu progresso: Registre diariamente os exercícios, as refeições ou as alterações de peso.

Faça parcerias: Exercite-se com um amigo ou participe de um grupo de condicionamento físico.

Use apoio profissional: Contrate um personal trainer ou nutricionista para orientá-lo.

Sua tarefa:

Estabeleça uma meta de saúde (por exemplo, exercitar-se 3 vezes por semana). Escreva como você se responsabilizará para alcançá-la.

6. Responsabilidade sobre o patrimônio

A disciplina financeira prospera com a prestação de contas. Ela o mantém honesto em relação a gastos, economias e planejamento.

Estratégias para responsabilidade financeira:

   Crie um orçamento: Compartilhe-o com um amigo ou consultor de confiança.

   Automatizar a poupança: Configure transferências automáticas para uma conta poupança.

   Revisar mensalmente: Agende revisões regulares de suas metas financeiras.

Sua tarefa:

Escolha um hábito financeiro (por exemplo, economizar US$ 50 por semana). Decida como e com quem você se responsabilizará por mantê-lo.

7. Responsabilidade no crescimento emocional

O desenvolvimento da inteligência emocional requer prática consistente, que pode ser apoiada pela responsabilidade.

Estratégias para a responsabilidade da EQ:

   Registro em diário: Escreva sobre as interações diárias e reflita sobre como você lidou com as emoções.

   Praticar check-ins: Faça parceria com alguém para compartilhar metas e reflexões semanais de QE.

Busque feedback: Peça a pessoas de confiança uma opinião honesta sobre como você gerencia as emoções.

Sua tarefa:

Escreva uma meta de QE (por exemplo, fazer uma pausa antes de reagir em situações de tensão). Identifique como você acompanhará o progresso e quem poderá apoiá-lo.

8. Superando a resistência à prestação de contas

É natural sentir-se hesitante em ser responsabilizado. Veja como lidar com barreiras comuns:

Barreira 1: Medo de julgamento

Solução: Escolha pessoas ou ferramentas que o apoiem e não o julguem para responsabilizá-lo.

Barreira 2: Evitar a responsabilidade

Solução: Divida as metas em etapas menores e gerenciáveis para que o progresso pareça realizável.

Barreira 3: falta de consistência

Solução: Programe reuniões de controle regulares e defina lembretes para se manter no caminho certo.

Sua tarefa:

Identifique uma barreira que você enfrenta com a responsabilidade e escreva como vai superá-la.

9. Os benefícios a longo prazo da prestação de contas

A responsabilidade não é apenas uma ferramenta para atingir metas de curto prazo - ela cria hábitos que sustentam o sucesso de longo prazo. Com a prestação de contas consistente, você poderá:

Desenvolver maior autodisciplina.

Crie confiança em você e nos outros.

Atingir metas com mais eficiência.

Crie um sistema de suporte que o ajude a crescer.

Considerações finais

A responsabilidade transforma intenções em ações e aspirações em realizações. Ao adotar a responsabilidade na saúde, na riqueza e na inteligência emocional, você desenvolverá a disciplina e o apoio necessários para reverter maus hábitos e atingir suas metas.

No próximo capítulo, juntaremos tudo e discutiremos estratégias para manter o progresso que você fez. Mantenha-se comprometido - você está chegando à linha de chegada!

Capítulo 15: Comemorando marcos históricos

Você se esforçou muito para reverter seus maus hábitos e cada etapa da jornada merece reconhecimento. Comemorar marcos não significa apenas dar tapinhas nas costas; é uma parte crucial do reforço do comportamento positivo e da manutenção da motivação a longo prazo.

Neste capítulo, discutiremos a importância de reconhecer o progresso, como definir marcos e as melhores maneiras de comemorá-los. Ao final, você saberá como fazer da comemoração uma ferramenta poderosa para o sucesso contínuo.

1. Por que comemorar marcos é importante

A comemoração de marcos não é autoindulgente - é estratégica. Isso o mantém engajado, reforça o progresso e cria uma conexão emocional positiva com seus esforços.

Benefícios da comemoração de marcos:

   Cria impulso: O reconhecimento de pequenas vitórias o mantém motivado para enfrentar desafios maiores.

   Fortalece os hábitos: As recompensas criam um reforço positivo, fazendo com que os novos hábitos permaneçam.

   Aumenta a confiança: As comemorações o lembram de quão longe você chegou, aumentando a autoconfiança.

   Evita o esgotamento: Reservar um tempo para comemorar reduz o estresse e mantém a jornada agradável.

Sua tarefa:

Reflita sobre uma conquista recente, grande ou pequena. Como você a reconheceu? Se não o fez, pense em como poderia tê-lo comemorado de forma significativa.

2. Definição de seus marcos

Nem todos os marcos precisam ser monumentais. Divida sua jornada em segmentos gerenciáveis e comemore o progresso em cada etapa.

Tipos de marcos:

   Micro marcos: Pequenas vitórias diárias ou semanais (por exemplo, manter-se fiel ao seu orçamento por uma semana).

   Marcos médios: Pontos de progresso significativos (por exemplo, perder 2,5 kg, economizar US$ 1.000).

   Principais marcos: Atingir metas de longo prazo (por exemplo, quitar dívidas, correr uma maratona).

Como identificar marcos:

   Alinhe-se com suas metas: Escolha marcos que reflitam o progresso em direção aos seus objetivos de saúde, riqueza ou QE.

   Seja específico: Defina metas claras e mensuráveis.

   Torne-os realistas: garanta que os marcos sejam desafiadores, mas alcançáveis.

Exemplo:

Se a sua meta for perder 10 kg, os marcos podem ser:

Perder os primeiros 5 lbs (micro).

Atingir 10 lbs perdidos (médio).

Atingindo a marca de 20 lb (importante).

Sua tarefa:

Escreva uma meta de longo prazo e três marcos que representem o progresso para alcançá-la.

3. Escolha de recompensas significativas

As comemorações devem ser pessoais e gratificantes, mas não devem prejudicar seu progresso. Escolha recompensas que estejam alinhadas com seus valores e reforcem hábitos positivos.

Ideias de prêmios por categoria:

Saúde:

Comprar novos equipamentos de ginástica.

Presenteie-se com uma massagem.

Experimente uma receita nova e saudável.

Riqueza:

Permita-se uma pequena extravagância, sem culpa (por exemplo, uma refeição ou um livro favorito).

Reserve "dinheiro para diversão" para uma experiência que você goste.

Invista em um curso ou ferramenta que apoie suas metas financeiras.

Inteligência emocional:

Tire um dia para cuidar de si mesmo, como escrever um diário ou relaxar na natureza.

Comemore com um amigo que tenha apoiado seu crescimento.

Recompense-se com tempo para um hobby favorito.

Sua tarefa:

Escolha um marco para o qual esteja trabalhando. Escreva uma recompensa que pareça significativa e esteja alinhada com seu progresso.

4. Comemorar sem sabotar

É essencial que as comemorações não anulem o progresso que você fez. Por exemplo, se você tem se esforçado muito para manter uma alimentação saudável, não deixe que uma "refeição enganosa" se transforme em uma semana de excessos.

Dicas para celebrações equilibradas:

Mantenha as recompensas sob controle: Escolha recompensas que tragam alegria sem comprometer suas metas.

Comemore o progresso, não a perfeição: Concentre-se no esforço que você fez, mesmo que a jornada não seja perfeita.

Seja criativo: Procure maneiras não materiais de comemorar, como passar tempo com pessoas queridas ou explorar novas experiências.

Exemplo:

Em vez de comemorar a perda de peso comendo junk food, recompense-se com um novo par de tênis de corrida ou uma atividade divertida ao ar livre.

Sua tarefa:

Pense em uma ocasião em que uma comemoração levou a um retrocesso. Como você poderia ter comemorado de forma diferente para manter o ímpeto?

5. Compartilhando suas vitórias

As comemorações tornam-se ainda mais significativas quando compartilhadas com outras pessoas. Seja um amigo próximo, um membro da família ou um parceiro de prestação de contas, envolver outras pessoas pode ampliar a alegria e a motivação.

Maneiras de compartilhar:

Mídia social: Publique sobre seu progresso para inspirar outras pessoas.

Grupos de responsabilidade: Compartilhe marcos durante os check-ins.

Comemore junto: Convide alguém que o apoiou para participar de sua comemoração.

Sua tarefa:

Identifique uma pessoa com quem você gostaria de compartilhar seu próximo marco. Escreva como você a incluirá em sua comemoração.

6. Refletindo sobre sua jornada

A comemoração de marcos também é uma oportunidade para refletir sobre o que você aprendeu e como cresceu. Use esse momento para reconhecer sua resiliência, adaptabilidade e dedicação.

Perguntas para reflexão:

Quais desafios eu superei para atingir esse marco?

Quais estratégias funcionaram bem e o que eu poderia melhorar?

Como a conquista desse marco me aproxima de minha meta de longo prazo?

Sua tarefa:

Depois de atingir seu próximo marco, passe 10 minutos escrevendo em um diário sobre sua jornada até o momento.

7. O efeito cascata das comemorações

Quando você comemora, cria um impulso positivo que afeta outras áreas de sua vida. Reconhecer o progresso em um domínio (por exemplo, saúde) pode inspirá-lo a se esforçar mais em outro (por exemplo, riqueza ou QE).

Exemplos de efeitos de ondulação:

Sentir-se confiante depois de atingir uma meta de condicionamento físico pode motivá-lo a enfrentar um desafio financeiro.

Comemorar a melhoria da comunicação com um parceiro pode fortalecer seu compromisso com o crescimento pessoal.

Sua tarefa:

Escreva uma vitória recente e identifique como ela impactou positivamente outra área de sua vida.

8. Criação de um hábito de comemoração

Assim como você cria hábitos de saúde, riqueza e QE, você pode desenvolver o hábito de comemorar o progresso.

Etapas para tornar as comemorações rotineiras:

Planeje com antecedência: Atribua recompensas a marcos específicos com antecedência.

Acompanhe o progresso: Use um diário ou um rastreador para anotar quando atingir os marcos.

Agende as comemorações: Trate as comemorações como compromissos aos quais você não pode faltar.

Sua tarefa:

Analise suas metas e marcos atuais. Agende um horário específico para comemorar sua próxima vitória.

9. O poder de longo prazo das comemorações

As comemorações não se referem apenas a recompensas - elas reforçam a mentalidade e os comportamentos que levam ao sucesso. Ao comemorar de forma consistente, você

Mantenha-se motivado por meio de desafios.

Aprofunde sua conexão com suas metas.

Construa uma vida que valorize o esforço e o progresso.

Considerações finais

Comemorar os marcos é o combustível que impulsiona sua jornada. Ao reconhecer o progresso de forma significativa, você não apenas mantém o ímpeto, mas também torna o processo de reversão de maus hábitos uma experiência agradável e gratificante.

Ao seguir em frente, lembre-se de que cada passo - por menor que seja - vale a pena ser comemorado. No próximo e último capítulo, vamos nos concentrar em manter o sucesso que você construiu e criar um roteiro para o crescimento ao longo da vida. Mantenha-se comprometido - você está quase na linha de chegada!

Conclusão:
Sua nova realidade

Ao chegar ao final desta jornada, você terá aprendido as ferramentas para transformar seus hábitos e, por extensão, sua vida. Mas isso é apenas o começo. O processo de reverter hábitos ruins e substituí-los por outros novos e fortalecedores é contínuo. De fato, o verdadeiro trabalho começa agora. O que você aprendeu pode ajudá-lo a criar uma vida de crescimento consistente, autodomínio e realização. Essa nova realidade não é um sonho distante, mas uma realidade na qual você pode entrar agora mesmo.

1. Os hábitos são a base de sua nova realidade

Os hábitos que você adotou até agora moldaram sua vida de maneiras óbvias e sutis. Eles determinaram sua saúde, riqueza, relacionamentos e bem-estar emocional. Ao mudar esses hábitos, você não está apenas melhorando aspectos individuais de sua vida; está reformulando toda a base sobre a qual seu futuro será construído.

Sua nova realidade será aquela em que:

A saúde se torna um hábito, não uma meta. Você não terá que se forçar a fazer escolhas saudáveis; elas virão naturalmente, incorporadas em sua rotina.

A riqueza é gerenciada e acumulada sistematicamente, em vez de depender da sorte ou de esforços esporádicos. Você terá as ferramentas para tomar decisões financeiras informadas, economizar intencionalmente e aumentar seu patrimônio ao longo do tempo.

A inteligência emocional orienta seus relacionamentos, levando a conexões mais profundas com os outros e a um senso mais forte de si mesmo. Você será capaz de enfrentar os desafios da vida com graça, empatia e resiliência.

Ao prosseguir em sua jornada, lembre-se de que os hábitos se combinam. Ações pequenas e consistentes levarão a mudanças monumentais. Esse é o poder dos hábitos em ação.

Tarefa de reflexão:

Escreva um hábito-chave que tenha o maior potencial de transformar sua vida. Descreva como ele afetará sua realidade futura.

2. O poder da consistência

Uma das lições mais importantes que você aprendeu neste livro é que a mudança não acontece em explosões repentinas de força de vontade, mas por meio de ações consistentes. A reconfiguração de seus hábitos é um processo lento e deliberado que nem sempre produz resultados imediatos. No entanto, a consistência criará um impulso e, por fim, fará com que os comportamentos que você trabalhou tão arduamente para estabelecer se tornem uma segunda natureza.

Embora surja a tentação de voltar aos velhos padrões, a consistência que você cultivou se tornará uma força poderosa que o manterá no caminho certo. Ao manter o compromisso com seus novos hábitos, você começará a vê-los criar raízes, tornando-se mais fáceis e automáticos.

A chave para o sucesso:

   Não busque a perfeição - em vez disso, concentre-se no progresso. Se você cometer um deslize, simplesmente volte ao caminho certo sem se julgar.

   Comemore cada vitória, por menor que seja. Cada mudança positiva reforça o próximo passo à frente.

Acompanhe seu progresso para que possa ver o quanto já avançou. Isso aumentará sua confiança e o ajudará a se manter motivado.

3. Aceite os contratempos como oportunidades de crescimento

A transformação não é linear, e os contratempos são uma parte inevitável do processo. O segredo é não ver os contratempos como fracassos, mas como oportunidades de crescimento e aprendizado.

Por exemplo, se você voltar a ter um hábito alimentar antigo ou gastar demais, não use isso como desculpa para desistir. Em vez disso, use o contratempo para identificar o que desencadeou o comportamento, reavaliar suas estratégias e voltar mais forte. Os contratempos são momentos de reflexão, nos quais você pode ajustar sua abordagem e aprimorar sua determinação.

Como lidar com contratempos:

Revisite seus gatilhos: Que situação ou sentimento o levou a cometer um deslize? Como você pode lidar com isso de forma diferente na próxima vez?

Pratique a autocompaixão: Entenda que a mudança é difícil e seja gentil consigo mesmo quando as coisas não saírem conforme o planejado.

Recupere-se rapidamente: Em vez de permitir que um único deslize atrapalhe seu progresso, volte aos trilhos imediatamente e siga em frente com determinação.

Etapa da ação:

Pense em um contratempo recente que você teve. Como você pode transformar isso em uma oportunidade de aprendizado e crescimento?

4. Crescimento contínuo e autoaperfeiçoamento

O trabalho de reversão de maus hábitos nunca está realmente concluído. A vida está em constante evolução e, à medida que você continua a crescer, encontrará novos desafios, oportunidades e fases da vida que exigem adaptação. Seus hábitos evoluirão com você, e a chave para o sucesso duradouro é manter uma mentalidade de crescimento contínuo.

Como continuar crescendo:

Continue aprendendo: Seja por meio de livros, cursos ou experiências pessoais, continue buscando conhecimento e aprimorando seus hábitos.

Estabeleça novas metas: Ao atingir um marco, defina outro para continuar se esforçando.

Reflita regularmente: Reserve um tempo a cada mês ou trimestre para refletir sobre seus hábitos, metas e progresso geral.

Quanto mais você investir em seu crescimento pessoal, mais poderosos se tornarão seus hábitos. Eles se tornarão um sistema que apoia sua visão em constante evolução de quem você quer ser.

5. O impacto sobre os outros

À medida que você muda, o mesmo acontece com seu relacionamento com os outros. A transformação positiva que você experimenta se propagará naturalmente para fora, afetando as pessoas ao seu redor. Ao adotar hábitos melhores, você se torna um exemplo do que é possível, inspirando as pessoas ao seu redor a fazerem suas próprias mudanças.

Ao fortalecer sua inteligência emocional, disciplina financeira e saúde física, você se torna um parceiro, pai, amigo e colega melhor. A energia positiva que você cria será contagiosa, levando a relacionamentos mais profundos e gratificantes e a uma rede social mais solidária.

Etapa da ação:

Pense em uma pessoa cuja vida poderia ser impactada positivamente por sua transformação. Como você pode compartilhar sua jornada com ela ou apoiá-la em seu próprio crescimento?

6. Viver em alinhamento com sua visão

Ao abraçar sua nova realidade, certifique-se de que seus hábitos estejam sempre alinhados com sua visão de longo prazo. Seus hábitos devem refletir a pessoa que você deseja se tornar e a vida que deseja criar.

Se sua visão é ser saudável e forte, seus hábitos devem apoiar a atividade física regular e a nutrição equilibrada. Se a sua visão é a independência financeira, seus hábitos devem incluir poupança, investimento e orçamento. Se sua visão é ser emocionalmente inteligente, seus hábitos devem apoiar a autorreflexão, a empatia e a atenção plena.

Como manter o alinhamento:

   Reveja sua visão regularmente: Mantenha-a na vanguarda de sua mente para poder direcionar seus hábitos para ela.

   Faça ajustes conforme necessário: A vida muda, e seus hábitos também devem mudar. Periodicamente, reavalie se suas ações ainda estão alinhadas com seus objetivos finais.

7. Sua nova realidade começa agora

Você deu o primeiro passo para reverter seus maus hábitos e estabelecer novas rotinas de afirmação da vida. As ferramentas e estratégias que você aprendeu servirão como um roteiro para seu sucesso contínuo.

Mas não espere por um momento "perfeito" para começar. Comece hoje. Pequenas ações tomadas agora levarão a grandes resultados ao longo do tempo. Cada dia é uma oportunidade de reforçar os novos hábitos que moldarão sua nova realidade.

Incentivo final:

Você é capaz de se transformar. O poder de mudar está dentro de você, e agora você tem o conhecimento e as ferramentas para fazê-lo. Mantenha sua visão clara, suas ações consistentes e sua mentalidade aberta. Sua nova realidade está esperando por você.

Vamos fazer isso acontecer.

Glossário de termos

Parceiro de prestação de contas

Uma pessoa de confiança que oferece apoio, incentivo e feedback honesto para ajudá-lo a se manter no caminho certo com suas metas e hábitos.

Automaticidade

O estado em que um comportamento se torna tão arraigado que acontece automaticamente sem esforço consciente.

Mau hábito

Um comportamento recorrente que afeta negativamente seu bem-estar físico, emocional ou financeiro, geralmente desencadeado por gratificação imediata.

Gatilho comportamental

Um evento, emoção ou sinal que inicia uma ação habitual, seja ela positiva ou negativa.

Efeito composto

O princípio de que ações pequenas e consistentes, quando repetidas ao longo do tempo, produzem resultados significativos.

Tacos

Gatilhos externos ou internos que provocam um comportamento habitual, como hora do dia, local ou emoções.

Gratificação atrasada

A capacidade de resistir a uma recompensa imediata em favor de uma recompensa maior ou mais significativa mais tarde.

Disciplina

A prática de escolher consistentemente ações alinhadas com suas metas de longo prazo, mesmo quando isso parece difícil no momento.

Inteligência emocional (EQ)

A capacidade de reconhecer, entender e gerenciar suas próprias emoções e, ao mesmo tempo, ter empatia e influenciar as emoções dos outros.

Loop de feedback

Um ciclo em que os resultados de seu comportamento fornecem informações que reforçam ou desencorajam esse comportamento no futuro.

Disciplina financeira

A prática de administrar o dinheiro de forma responsável, fazendo orçamentos, economizando e evitando gastos impulsivos.

Loop de hábitos

Um ciclo de três partes que impulsiona o comportamento habitual, consistindo em uma dica, uma rotina e uma recompensa.

Empilhamento de hábitos

A prática de criar novos hábitos vinculando-os aos já existentes, facilitando o estabelecimento e a manutenção deles.

Gratificação imediata

O desejo de sentir prazer ou satisfação instantaneamente, muitas vezes às custas de objetivos de longo prazo.

Motivação intrínseca

Um impulso pessoal para realizar algo porque está alinhado com seus valores e paixões, e não por recompensas externas.

Hábito de Keystone

Um único hábito que tem um efeito cascata, influenciando positivamente outras áreas de sua vida.

Atenção plena

A prática de estar presente e totalmente envolvido no momento, o que ajuda a identificar e alterar hábitos inconscientes.

Neuroplasticidade

A capacidade do cérebro de formar novas conexões e caminhos, possibilitando mudanças de comportamento e hábitos.

Supercorreção

O ato de fazer uma mudança extrema ou insustentável para reverter um hábito ruim, geralmente levando ao esgotamento ou ao fracasso.

Reforço positivo

Recompensar um comportamento desejado para incentivar sua repetição.

Comportamento reativo

Uma resposta automática e emocional a uma situação sem pausa ou consideração das consequências.

Reenquadramento

O ato de mudar a maneira como você percebe uma situação, muitas vezes transformando desafios em oportunidades de crescimento.

Hábito de substituição

Um hábito positivo adotado deliberadamente para tomar o lugar de um hábito negativo.

Recompensa

O benefício ou alívio que reforça um hábito, incentivando sua repetição.

Autoconhecimento

A capacidade de reconhecer e entender seus pensamentos, emoções e comportamentos, o que é essencial para mudar hábitos.

Recuo

Um lapso temporário no progresso que oferece uma oportunidade de reavaliar e ajustar suas estratégias.

Metas SMART

Uma estrutura de definição de metas que garante que as metas sejam específicas, mensuráveis, atingíveis, relevantes e com prazo determinado.

Falácia dos custos irrecuperáveis

A tendência de continuar um comportamento devido ao investimento anterior de tempo, dinheiro ou energia, mesmo quando ele não serve mais para você.

Visualização

A prática de imaginar mentalmente suas metas e o processo de alcançá-las para aumentar a motivação e a clareza.

Força de vontade

A capacidade de resistir às tentações de curto prazo e de se concentrar em objetivos de longo prazo, muitas vezes vista como um recurso finito que precisa ser reabastecido.

Zona de desconforto

O estado mental ou emocional em que ocorrem crescimento e mudança, pois desafia as formas habituais de pensar e agir.

Este glossário ajudará a esclarecer os principais conceitos e termos ao longo de sua jornada para reverter maus hábitos e criar uma transformação duradoura.

Por fim, se você gostou deste livro, reserve um tempo para compartilhar suas ideias e publicar uma resenha na Amazon. Ficaremos muito gratos!

Muito obrigado,

Brian Mahoney

www.ingramcontent.com/pod-product-compliance
Lightning Source LLC
LaVergne TN
LVHW010334070526
838199LV00065B/5742